普通高等院校创新型教材

大学生劳动教育

（本科版）

主　编　李　珂　王　鹏

副主编　高　政　张湘宾

中国言实出版社

图书在版编目（CIP）数据

大学生劳动教育：本科版 / 李珂，王鹏主编．——
北京：中国言实出版社，2023.8
ISBN 978-7-5171-4562-2

Ⅰ．①大… Ⅱ．①李…②王… Ⅲ．①大学生—劳动
教育 Ⅳ．①G40-015

中国国家版本馆CIP数据核字（2023）第 154252 号

大学生劳动教育（本科版）

责任编辑：张国旗
责任校对：宫媛媛

出版发行：中国言实出版社
　　　　　地　　址：北京市朝阳区北苑路180号加利大厦5号楼105室
　　　　　邮　　编：100101
　　　　　编辑部：北京市海淀区花园路6号院B座6层
　　　　　邮　　编：100088
　　　　　电　　话：010-64924853（总编室）　　　010-64924716（发行部）
　　　　　网　　址：www.zgyscbs.cn　　电子邮箱：zgyscbs@263.net

经　　销：新华书店
印　　刷：河北柏兆达印刷有限公司
版　　次：2023年12月第1版　2023年12月第1次印刷
规　　格：787毫米×1092毫米　1/16　10印张
字　　数：229千字

定　　价：39.80元
书　　号：ISBN 978-7-5171-4562-2

PREFACE
前 言

2018 年 9 月 10 日，习近平总书记在全国教育大会上强调，"培养德智体美劳全面发展的社会主义建设者和接班人"，"要在学生中弘扬劳动精神，教育引导学生崇尚劳动、尊重劳动，懂得劳动最光荣、劳动最崇高、劳动最伟大、劳动最美丽的道理，长大后能够辛勤劳动、诚实劳动、创造性劳动"。这些重要论述丰富了党的教育方针，为新时代大学生思想政治教育工作提出了新要求。全国教育大会后，党和国家越来越重视大中小学劳动教育事业，许多专家学者也对此展开了大量研究，出版了一批有水准的学术著作和教育读本。本书以习近平新时代中国特色社会主义思想为指导，全面贯彻党的教育方针，落实全国教育大会精神，严格体现中共中央、国务院《关于全面加强新时代大中小学劳动教育的意见》文件要求，引导高校大学生树立积极向上的劳动观，正确理解劳模精神、劳动精神、工匠精神，培育当代大学生遵纪守法、诚实守信等优良劳动品质。

本书由中国劳动关系学院劳动教育学院（劳动教育研究院）院长李珂教授领衔，带领从事劳动教育教学研究的专业团队，广览国内外相关文献，结合新时代我国劳动教育实际情况，在总结中国劳动关系学院近年来劳动教育经验的基础上，反复深入研究、讨论，汇集集体智慧完成。

本书坚持培育和践行社会主义核心价值观，内容涵盖劳动教育中关于劳动价值观念、劳动精神面貌、劳动专业知识、劳动素养实践等方面的主要内容，目的是使大学生理解并形成马克思主义劳动观，牢固树立"劳动最光荣、劳动最崇高、劳动最伟大、劳动最美丽"的观念，体会劳动创造历史、劳动推动发展、劳动收获幸福的历史经验，培养辛勤劳动、诚实劳动、创造性劳动的劳动精神，使学生具备走向职场所需要的基础劳动能力和职业素养。

同时，本书的编写工作得到多所高等院校的大力支持，在此深表感谢。编者团队通过校际学术交流与合作，积极将各高校在劳动教育方面的实验教学成果融入教材编写，突出高校劳动教育特点，选取深化产教融合、校企合作的典型案例，综合吸纳本科院校在开展劳动教育方面的特点和经验，实现资源优势互补的效果，也为进一步拓宽教材的使用面，以及教材迭代更新打下坚实基础。在本书成稿付梓之际，感谢各位编者的辛勤写作，感谢学界同仁的鼓励支持，恳请广大读者对本书提出宝贵的意见和建议。

编　者

CONTENTS
目 录

第一部分　劳动价值观念编 ·· 001

第一章　劳动与劳动价值 ·· 003

　　第一节　劳动的内涵 ··· 004

　　第二节　劳动的价值 ··· 005

　　第三节　劳动的意义 ··· 007

第二章　马克思主义劳动观与劳动教育 ······························ 014

　　第一节　马克思主义劳动观 ··· 015

　　第二节　新时代劳动教育 ··· 021

第二部分　劳动精神面貌编 ·· 025

第三章　学习劳模精神 ·· 027

　　第一节　劳模精神内涵 ··· 027

　　第二节　劳模精神的时代演化 ······································· 032

　　第三节　弘扬劳模精神的重要意义 ··································· 036

第四章　弘扬劳动精神···039

　　第一节　劳动精神内涵·······································040

　　第二节　大力弘扬劳动精神···································045

　　第三节　大学生如何弘扬劳动精神···························046

第五章　践行工匠精神···050

　　第一节　工匠精神内涵·······································051

　　第二节　工匠精神历史·······································054

　　第三节　新时代弘扬工匠精神·································059

第三部分　劳动专业知识编·····································065

第六章　劳动与法律···067

　　第一节　劳动法律体系·······································067

　　第二节　劳动与劳动合同·····································073

　　第三节　劳动争议及其处理···································075

第七章　劳动与经济···078

　　第一节　劳动与劳动力·······································078

　　第二节　劳动与人力资本·····································081

　　第三节　劳动与工资收入·····································085

第八章　劳动与社会保障·······································089

　　第一节　中国劳动社会保障事业发展成就·····················089

　　第二节　社会保障的功能和作用·······························091

　　第三节　"五险一金"制度····································093

第九章　劳动与安全 ……………………………………………………………097

　　第一节　劳动安全观概述 ………………………………………………098

　　第二节　职业安全 ……………………………………………………101

　　第三节　职业健康与劳动保护 …………………………………………105

第四部分　劳动素养实践编 ……………………………………………113

第十章　劳动素养 …………………………………………………………115

　　第一节　劳动素养内涵 …………………………………………………116

　　第二节　劳动素养评价 …………………………………………………118

　　第三节　提升劳动素养 …………………………………………………120

第十一章　劳动与就业 ……………………………………………………124

　　第一节　新时代新职业 …………………………………………………125

　　第二节　职业生涯规划 …………………………………………………128

　　第三节　劳动与就业概述 ………………………………………………131

　　第四节　遵守职业规范 …………………………………………………134

第十二章　劳动与实践 ……………………………………………………136

　　第一节　日常劳动 ………………………………………………………137

　　第二节　校园服务性劳动 ………………………………………………141

　　第三节　社会实践与创新创业 …………………………………………147

参考文献 ……………………………………………………………………152

第一部分

劳动价值观念编

第一章 劳动与劳动价值

劳动文明五千年

2020 年"五一"期间，浙江良渚博物院联手央视平台成功举办了"夜游良渚博物院，寻梦前世今生"的网络直播活动。央视记者在讲解员的引导下，以网络直播形式带领全国网友"夜游"良博院，并在央视新闻客户端和央视新闻新浪微博上同步直播。"夜游"直播全程持续 70 多分钟，通过屏幕将一个不一样的良渚博物院呈现给观众，再次利用"云游"方式有效推动了良渚文化的科学管理并进行了活态展示。70 多分钟的直播获得了广大网友的追捧，截至 3 日晚 10 点，直播微博端点击量达 226 万，全程观看量达 40.1 万人；央视新闻客户端点击量达 203.7 万，全程观看量达 57.3 万人。

结合"五一"国际劳动节主题，良渚博物院在网络直播中还打造了具有良渚文化特色的劳动节活动。围绕良渚文化农耕文明特色，"夜游"不仅展现了石犁、木臿、陶罐、玉器加工、良渚古城及外围水利系统的营建，草裹泥等良渚时期的劳动元素，还展现了刻符陶罐、玉琮、玉钺等良渚博物院的镇院之宝。

同时，良渚博物院推动了线下、线上互动，开展了线下"劳动最光荣"良渚劳动文化元素探秘活动，线上良博院抖音、微博平台定期放送良渚劳动小知识活动，让观众在轻松愉悦的网络互动中学到文化知识。

（资料来源：浙江省杭州市余杭区社科联，有改动）

探索与思考

1. 在古代与现代不同背景下，人们都是怎样参与劳动的？
2. 劳动在历史社会发展中的作用是怎样的？

提起"劳动"，这是一个既熟悉又陌生的词：熟悉的是，劳动的场景随处可见、无处不在，人人都在劳动，时时刻刻都需要劳动；而陌生的原因在于，劳动又是一个抽象概念，正如马克思所说，"整个所谓世界历史不外是人通过人的劳动而诞生的过程"。

第一节　劳动的内涵

关于劳动的定义有很多，劳动发展到如今，早已经形成包含哲学、行为学、经济学等在内的综合定义。按照传统的劳动分类理论，劳动可以分为体力劳动与脑力劳动。体力劳动是指人类通过消耗体力完成的劳动。在现代汉语的体系中，"劳动"一词也有专指体力劳动的含义，如劳动锻炼。脑力劳动是指人类通过输出知识、技能完成的劳动，需要有一定的知识和技能的储备，是一种较为复杂的劳动形式。

劳动是人类实践活动的主要形式，是改变自然对象使之满足人类需要的有目的的活动，是人类创造物质财富或精神财富的活动。劳动是人类社会生存和发展的基础，其主要是指生产物质资料的过程，是人类维持自我生存和自我发展的唯一手段。早在石器时代，人类上山下海去捕鱼捉虾的基础生存行为，就被称作"劳动"。劳动是发生在人与自然之间的活动，其实质是通过人类有意识的、有一定目的的活动来调整和改造自然，改变自然物的形态或性质，使之为满足人类的需要服务。

探究思考

劳动节的由来

自18世纪中叶起，欧美一些国家逐步由资本主义阶段发展到帝国主义阶段，为了刺激经济的高速发展，掠取更多的剩余价值，资本家不断采取增加劳动时间和劳动强度的办法残酷地剥削工人。在当时的美国，工人每天要劳动14—16个小时，有的甚至长达18个小时，工资却很低。沉重的阶级压迫激起了工人巨大的愤怒。为争取提高工资、缩短工作时间等福利，1867年芝加哥工人第一次发动争取8小时工作制的示威游行，被当时的芝加哥市长下令镇压；1877年的铁路工人大罢工虽然迫使美国国会制定了8小时工作制的法律，但资本家根本不予理睬，使这项法律成了一纸空文。

1886年5月1日，美国2万多个企业的35万工人停工上街，举行了声势浩大的示威游行。不同肤色、不同工种的工人一起进行了总罢工，仅芝加哥一座城市，就有4.5万名工人涌上街头。这样一来，美国的主要工业部门都处于瘫痪状态，铁路交通停运，商店关门大吉，就连仓库也都大门紧闭。5月3日，在芝加哥麦考密克收割机工厂，一支工人纠察队遭到警察袭击，有一名纠察队员被打死，多人受伤。5月4日晚，工人群众在干草市场集会，抗议政府的暴行，有3 000余名工人参加了大会。正当大会顺利进行时，突然有破坏分子投出一枚炸弹，炸死、炸伤几名警察。警察立即开枪，当场打死工人群众数人，打伤200余人。

由于无法证实是谁投出的炸弹，这件事便成了攻击工人群众游行活动的把柄，警察查抄怀疑对象的家和办公室，有数百人在未受指控下便被逮捕，尤其是此次活动的领导者，有 8 名芝加哥活动的积极倡导者被指控涉嫌广场炸弹事件和企图谋反。法庭在证据不足的情况下，判处其中 4 人绞刑，有 1 人在狱中自杀，其余 3 人直至 1893 年才得以释放。

这场斗争虽然被镇压了，但意义却十分深远，此后由于各国工人阶级的团结和不断斗争，终于争取到了 8 小时工作制。为了纪念这次伟大的工人运动，1889 年 7 月，恩格斯组织召开的第二国际巴黎大会决定：自 1890 年 5 月 1 日起，每年的 5 月 1 日被定为国际劳动节。

新中国成立以后，中央人民政府政务院于 1949 年 12 月作出决定，将 5 月 1 日确定为劳动节。

（资料来源：作者根据相关资料整理编写）

深入思考

1. 劳动是什么？为什么要为劳动设立专门的节日？
2. 近现代劳动怎样推进了社会发展变革？

第二节 劳动的价值

一、劳动创造了人类的美好生活

每个人通过劳动追求自己的人生幸福，就是劳动的价值。17 世纪，英国古典政治经济学创始人威廉·配第就曾说，"劳动是财富之父，土地是财富之母"，即强调劳动之于财富的重要性。19 世纪，马克思更加深刻地指出，"劳动是财富的唯一本质"。劳动是人类创造物质财富或精神财富的活动，通过人类有意识的、有一定目的的活动来调整和控制自然，使之发生物质变换，为人类的生活和需要服务。马克思说："任何一个民族，如果停止劳动，不用说一年，就是几个星期，也要灭亡。这是每一个小孩子都知道的。"对大多数人来说，劳动不仅是一种谋生手段，还是生命的一部分。劳动如阳光、空气一样不可或缺，如吃饭、喝水一样不可避免。劳动不是人们受罪和痛苦的根源，恰恰相反，劳动是激发人们创造力的源泉。正如高尔基所说："我们世界上最美好的东西，都是由劳动、由人的聪明的手创造出来的。"

二、劳动创造了人本身

劳动改造了猿的生理结构，使其可以直立行走，从而有机会转变为人；劳动推动了人类语言的产生，锻炼了人的身体机能，人的大脑、感官及抽象能力、推理能力等也获得发展，反过来又对劳动和语言产生作用。人类通过劳动形成社会，劳动是人与人相互联系的媒介，赋予了人类存在的价值，促成了"完全的人"形成。人与动物之间的根本区别在于劳动，正如毛泽东在《贺新郎·读史》中所写："人猿相揖别。只几个石头磨过，小儿时节。铜铁炉中翻火焰，为问何时猜得？不过几千寒热。"通过制造和使用劳动工具，在漫长的进化过程中，人类不断发展、完善。从古至今，千千万万劳动人民用自己的辛勤劳动推动了社会的发展。在原始社会时期，原始人类通过劳动获取食物，推进了机体的进化发展，也通过劳动创造了人类社会。制造工具等有意识的活动把人类劳动同动物的本能区别开来。黑猩猩擅长运用多种工具，它们可以用石头砸开坚果，用叶子将树洞中的水吸干，用棍子挖掘富有营养的植物根，但它们没有能力将这些知识上升为先进的科技。而我们人可以在不断的劳动过程中探索大自然，获取新的知识和技能，并将之转化为科学技术和生产力。

三、劳动创造了人类社会

人类为了生存下去，必须生产生活资料，起初付出的是体力，后来开始利用自然工具、手工工具，借助畜力、风力、水力等进行劳动。人类社会进步的基础是生产力的发展，劳动者、劳动工具、劳动对象构成了生产力三要素。其中，劳动者是指人的因素，劳动对象一般是指自然因素，而劳动工具不仅包括直接用于生产的物质工具，也包括科学技术。

（1）手工劳动开启人类的创造历程。手工劳动是人类劳动的初始形态，人类由于手工劳动而踏上了与其他动物完全不同的发展道路。同时，人类有意识、有目的、有计划地利用和改造大自然，将自己的体力和智力作用于自然物质，把自然物质改造成对人类生活有用的形式，改造成利于人类生存的状态，进而开启了创造历程。

（2）旧石器时代和中石器时代是人类劳动文化的启蒙阶段。旧石器时代是人类历史上最漫长的一个时期。这个时代的人类在谋生的过程中，不断地改造自身，同时创造出了文化。今天看来笨拙的石器是当时最伟大的发明，其装饰品、篝火、朱砂等都是后世人类文明赖以延续的原始基础。中石器时代是旧石器时代向新石器时代的过渡。这一阶段的主要特征：渔猎采集仍是人类经济生活的主要内容；工具以打制石器为主，仅有少量的磨制石器。新石器时代是以农业、家畜饲养业、陶器和磨制石器为特征的时代。从这一时代开始，人类便由单纯的依赖自然过渡到开发自然，劳动生产开始支配人类的生活。同样，中国的旧石器时代、中石器时代都只算是中华文明的启蒙阶段。直到距今 1 万年左右，新石器文化在中国大地上蓬勃发展，才标志着中华文明有了划时代的变革。

中国的新石器时代经历了两个大的发展阶段。第一阶段约为公元前 8 000—前 3 500 年，这是新石器时代各种文化因素发生发展时期，在中华大地上留下许多处先民居住的村落和生产、生活的痕迹。他们在不断改进谋生技术的同时，创造出了质朴的文化和艺术。在这个时期，黄河、长江流域，华南、西南、西北、东北地区都留有先民活动的足迹，区域性的文化传统得到了充分的发展，并形成了不同的文化谱系，为人类文明的产生积聚了肥沃的土壤。第二阶段约为公元前 3 500—前 2 300 年，这个时期人类文明诸因素在我国产生、积累、升华，文明社会在此孕育、诞生。

（3）劳动是人类真正的生命活动，是人本质力量的外在表现。通过劳动，人们不仅获得物质资料，还获得精神上的满足感、快乐感。劳动给人们提供了生活上的必需品，从而使人类社会现代化进程成为可能。

第三节　劳动的意义

一、劳动的历史意义

人类是由劳动创造的，社会也是由劳动创造的。社会分工源于劳动，生产力的提高推动了社会分工的产生。在早期的人类历史上，有三次社会大分工。劳动推动形成了这三次社会大分工，使人类不断走向美好的未来。第一次社会大分工是游牧部落从野蛮人群中分离，发生于原始社会野蛮时期的中级阶段，即人类从原始社会向奴隶社会过渡时期；第二次社会大分工是手工业和农业的分离，发生于原始社会末期；第三次社会大分工是商业从农业中分离，这既是生产力发展的结果，也是人们在劳动中对社会进步的创造和推动。

（一）第一次社会大分工

原始社会的早期阶段，人类使用木器、石器等简陋的生产工具，在自然分工的基础上从事采集、狩猎和捕鱼等活动，以维持人类的生存。在长期的采集活动中，人们逐渐熟悉了某些植物的生长规律，并在房屋的旁边开始培植，于是出现了原始农业；畜牧业由狩猎发展而来，由于人们发明了弓箭，加上狩猎经验和技术不断提高，人类捕捉到的动物数量不断增多，有些便被饲养起来，于是出现了原始畜牧业。在采集、狩猎阶段，原始农业和原始畜牧业很不发达，当时采集能比狩猎提供较有保障的生活资料，而采集工作主要由女性承担，女性在社会中占有重要地位，因而人类处于母系氏族阶段。随着原始农业和原始畜牧业的发展，牲畜的肉可以吃，皮可以穿，骨可以制作各种工具，因此比起狩猎和采集，畜牧业既可以提供可靠的生活资料，又可以节约劳动力，而且和原始的锄耕农业相比，它的收获也更加丰富，更有保障。这就使畜牧业在一些地区比农业更早地成为人类的重要生产部门。一些学者认为在某些草原地区，如中亚、西亚、南欧等，一些部落舍弃农业而专门从事畜牧业。这就出现了人类历史上的第一次社会大分工。

第一次社会大分工促进了商品交换。在此之前，由于生产条件的不同，各氏族、部落之间只有个别的、偶然的交换活动，以获取必要的物品。自从畜牧业成为独立的生产部门，生产效率提高了，产品有了剩余，便出现了经常性的物品交换。随着第一次社会大分工而来的是农业和畜牧业的发展，使人们能够生产出超过维持人类生存所必需的产品数量，使剥削成为可能。在父系家族长手中，积累了越来越多的财富，他们逐渐脱离劳动，变成剥削者。同时，因为生产力发展，所需劳动量日益增加，战俘也不再被杀死，而是变成了奴隶。因此，第一次社会大分工使社会出现了奴隶主和奴隶、剥削者和被剥削者，也出现了私有制。

（二）第二次社会大分工

第二次社会大分工是指手工业同农业的分离，发生在原始社会野蛮时期的高级阶段。第一次社会大分工后，生产力有了进一步发展，因为在多数地区，人们继考古发现青铜器后，又发现了各种铁器，已证明当时的农业开始使用犁耕代替锄耕。由于犁耕使用新的动力——畜力，农业发展迈出了重要的一步，农产品越来越多，为人类提供了经常的、可靠的食物。农业的发展为手工业的兴盛奠定了物质基础。这时制陶、冶金、铸造等手工业都发展起来，手工业种类日渐增多，生产技术日益复杂，如此多样的活动已经不能由少数人进行了，于是发生了第二次大分工：手工业和农业分离。随着生产分为农业和手工业两个主要部门，便出现了直接以交换为目的的生产，即商品生产。第二次社会大分工促进了生产规模的扩大和劳动生产率的提高。随着剩余产品增多，奴隶制得到进一步发展，已成为社会制度的组成部分。这时奴隶成为主要劳动力，被成批地赶到田野和作坊劳动。同时，除了自由人和奴隶的差别外，还出现了穷人与富人的差别，私有制有了进一步发展。

🔅 知识链接

劳动工具与社会进步

年代	代表性工具
石器劳动时代（旧石器时期）	剥片石器、石英片、石头刀、石叉、石凿子、石矛头、石锥、石锯、骨器
石器劳动时代（新石器时期）	磨制石器，土器，利用草木的纤维及绢丝、毛等纺织品编织的织物
金属工具劳动时代	使用铜、青铜、铁制造的器具
简单机械劳动时代（技术萌芽时期）	漏壶（水钟）、阿基米德式螺旋抽水机、自动装置、水车、滑轮、螺旋、车轮与车轴

（资料来源：中山秀太郎. 技术史入门［M］. 姜振寰，译. 济南：山东教育出版社，2015. 在此基础上加以归纳调整）

（三）第三次社会大分工

第三次社会大分工是在农业和手工业分离之后，劳动产品中日益增加了直接为了交换而生产的部分，这就把单个生产者之间的交换提升为社会的必需。于是，社会上出现了不从事生产，只从事商品交换的商人，产生了专门从事商品交换的部门——商业。商人的出现、商业的发展，是人类历史上的第三次社会大分工。

第三次社会大分工是指奴隶社会晚期商人阶层的产生。产品交换虽然很早就发生了，不晚于第一次社会大分工时，但是只有在第二次社会大分工之后，交换才得到了长足的发展。随着交换的不断发展扩大，商品生产出现，其发展又反过来促进了交换的进一步发展。交换规模扩大、品种增多，各生产者和消费者之间的产品交换越来越不便利，于是专门从事交换的商人应运而生。第三次社会大分工首先在商品交换最为发达的地区出现。

第三次社会大分工促进了商品经济的发展，商人的出现标志着人类社会走进了文明时代。马克思主义认为，"在此之前，阶级的形成的一切萌芽，还都只是与生产相联系的；它们把从事生产的人分成了领导者和执行者，或者分成了规模较大和较少的生产者。这里首次出现一个阶级，它根本不参与生产，但完全夺取了生产的领导权，并在经济上使生产者服从自己；它成了每两个生产者之间的不可缺少的中间人，并对他们双方都进行剥削。在可以使生产者免除交换的辛劳和风险，可以使他们的产品的销路扩展到遥远的市场，而自己因此就成为一个居民的最有用的阶级的借口下，一个寄生阶级，真正的社会寄生虫阶级形成了，它从国内和国外的生产上榨取油水，作为对自己的非常有限的实际贡献的报酬，它很快就获得了大量的财富和相应的社会影响。正因为如此，它在文明时期便取得了越来越荣誉的地位和对生产越来越大的统治权，直到最后它自己也生产出自己的产品——周期性的商业危机为止"。可以这么说，商人就是现代资产阶级的前身。最初的商人只是充当商品交换的中介，但随着生产力的发展，其活动的领域逐渐扩展到商品的生产、分配、交换和消费的各个环节。

二、劳动的现实意义

（一）劳动创造人民幸福

劳动者用勤劳的双手和智慧，编织了这个五彩斑斓的世界，创造了人类的文明。雄伟的万里长城，使每一位游览者都为它宏大的工程赞叹，在通信卫星从高空拍摄的照片上也能清楚地看到长城的轮廓，这使我们感到自豪。这些凝聚着中华民族勤劳智慧结晶的工程，以它特有的风格向世人展示了我们屹立于世界之林的能力。

从三座大桥看古今劳动

赵州桥

赵州桥（图1-1）又称安济桥，坐落在河北省石家庄市赵县的洨河上，横跨在37米多宽的河面上，因桥体全部用石料建成，当地人也称其为"大石桥"。赵州桥建于隋朝年间公元595—605年，由著名匠师李春设计建造，距今已有1 400多年的历史，是当今世界上现存保存最完整的古代单孔敞肩石拱桥。赵州桥是古代劳动人民智慧的结晶，开创了中国桥梁建造的崭新局面。1961年，它被国务院列入第一批全国重点文物保护单位；2015年，它荣获石家庄十大城市名片之一。它在漫长的岁月中，即使经过无数次洪水冲击、风吹雨打、冰雪风霜的侵蚀和8次地震的考验，仍安然无恙，巍然挺立在洨河之上。

图1-1 赵州桥

该桥是一座空腹式的圆弧形石拱桥，是中国现存最早、保存最完好的巨大石拱桥。桥长50.82米，跨径37.02米，桥高7.23米，两端宽9.6米，桥的设计完全合乎科学原理，施工技术更是巧妙绝伦。唐朝宰相张嘉贞说它"制造奇特，人不知其所以为"。这座桥的特点：一是全桥只有一个大拱，长达37.4米，在当时可算是世界上最长的石拱。桥洞不是普通半圆形，而是像一张弓，因而大拱上面的道路没有陡坡，便于车马上下。二是大拱的两肩上各有两个小拱。这是创造性的设计，不但节约了石料，减轻了桥身的重量，而且在河水暴涨的时候，还可以增加桥洞的过水量，减轻洪水对桥身的冲击力。同时，拱上加拱，桥身更美观。三是大拱由28道拱券拼成，就像由28张同样形状的弓合拢在一起，拼成了一个弧形的桥洞。每道拱券都能独立支撑其上的重量，一道坏了，其他各道不受影响。四是全桥结构匀称，和四周景色配合得十分和谐；桥上的石栏石板也雕刻得古朴美观。唐朝小说家张鷟说，远望这座桥就像"初月出云，长虹饮涧"。赵州桥高超的技术水平和不朽的艺术价值，充分显示了我国劳动人民的智慧和力量。赵州桥的设计构思和工艺的精巧，不仅在我国古桥建筑中首屈一指，在世界建筑史上也居于重要地位。据学者考证，像这样的敞肩石拱桥，欧洲在19世纪中期才出现，比我国晚了1 200多年。

丹昆特大桥

丹昆特大桥（图1-2）位于京沪高铁江苏段，起自丹阳，途经常州、无锡、苏州，终点到昆山，全长164.851千米，为目前吉尼斯世界纪录记载的世界第一长桥美国庞恰特雷恩湖桥的4倍多。由于地质原因和出于节省土地的考虑，该桥全部采用高架桥梁建设。该桥纵贯的苏南地区属平原河网化地貌，水面宽度在20米以上的河道有150余条；因处于经济发达地区，路网纵横，该桥需跨越各类型等级道路180余条。跨公路、跨铁路、跨水路，丹昆特大桥以现代化高速铁路桥的傲然姿态跨越了整个苏南大地。根据规划，丹昆特大桥将建常州、无锡、苏州、昆山等高架站，把这些城市如颗颗珍珠串在一起。

图1-2　丹昆特大桥

港珠澳大桥

港珠澳大桥（图1-3）是中国境内连接香港、广东珠海和澳门的桥隧工程，位于中国广东省珠江口伶仃洋海域内，为珠江三角洲地区环线高速公路南环段。港珠澳大桥于2009年12月15日动工建设，2017年7月7日实现主体工程全线贯通，2018年2月6日完成主体工程验收，同年10月24日上午9时开通运营。

港珠澳大桥东起香港国际机场附近的香港口岸人工岛，向西横跨南海伶仃洋水域，接珠海和澳门人工岛，止于珠海洪湾立交。桥隧全长55千米，其中主体工程29.6千米，其余路段约22.9千米。桥面为双向6车道高速公路，设计速度100千米/小时。港珠澳大桥因其超大的建筑规模、空前的施工难度和顶尖的建造技术闻名世界，获得2019年度中国建设工程鲁班奖（国家优质工程）。2018年12月1日起，首批粤澳非营运小汽车可免加签通行港珠澳大桥跨境段。2020 年 8 月 16 日，港珠澳大桥口岸珠澳货运通道正式启用。

图 1-3　珠港澳大桥

（资料来源：作者根据相关资料整理编写）

是劳动，建成了今天的摩天大楼；是劳动，筑就了现代化的高速公路；是劳动，让偌大的地球变成了小小的村落；是劳动，使浩瀚的荒原变成了万亩良田。我们的先民用双手制造了一件又一件劳动工具：为了打猎，他们制作出石矛、弓箭，从而有了肉食；为了种田，他们制作出锄头、犁，从而有了五谷；为了盛放物品，他们制作出陶罐、瓷器，从而物品不再散落……终于，通过长久的劳动，人们创造出各种在以前想都不敢想的成就。

（二）劳动托起复兴梦想

几千年来，中华民族对美好生活的向往、对社会发展的不懈追求，为中国梦的实现奠定了坚实的基础。中国是一个拥有 14 亿多人口的大国，中国梦的实现本身就是个人梦实现的融合，人民群众创造了历史，劳动开创未来。劳动是推动人类社会发展进步的根本力量，因此实现中国梦必须紧紧依靠广大劳动人民，强化劳动者的主人翁地位，给劳动者人生价值的实现创造更有利的条件，激发劳动者做新时代的奋斗者，实现个人的幸福，最终实现中国梦。

中华民族用历史事实向世界证明了艰苦奋斗是国家强盛起来的源泉，用实践证明幸福是用劳动创造的。从 1979 年邓小平同志在中国的南海边画了一个圈，到今天深圳用现代化大都市泼墨新世纪的鹏程万里，广大人民群众团结一心、众志成城，用血汗浇筑伟业；从青藏铁路蜿蜒千山万水，到今天引领新四大发明的高铁贡献中国速度，广大人民群众坚定不移、斗志昂扬，用血汗挥毫创新。可以说，我们如今的成就都是广大劳动者以逢山开路、遇水架桥的奋斗进取精神创造取得的。幸福都是奋斗出来的，奋斗都是劳动凝聚成的，唯有奋斗不息才会永远前进，唯有劳动不止才能再续辉煌。

正是因为劳动创造，我们拥有了历史的辉煌；也正是因为劳动创造，我们拥有了今天的成就。五千年辉煌灿烂的中华文明是劳动创造的，中华民族从站起来、富起来到强起来也是劳动创造的。从物质文明到精神文明，从文学、艺术、哲学、历史到衣、食、住、行，没有劳动，哪有人们今天的幸福生活？习近平总书记指出："人世间的美好梦想，只有通过诚实劳动才能实现；发展中的各种难题，只有通过诚实劳动才能破解；生命里的一切辉煌，只有通过诚实劳动才能铸就。"曾经的成绩，是劳动结出的硕果；未来的美好，是劳动成就的辉煌。

（三）劳动成就国家富强

中国特色社会主义事业是前无古人的美好事业，推动事业发展、实现美好蓝图，要依靠全体劳动人民的智慧和创造。"空谈误国，实干兴邦"，只有脚踏实地劳动，真抓实干、埋头苦干，才能实现个人和社会发展，从而实现国家发展。无论时代怎样变化、技术怎样进步、经济怎样发展，劳动者的创造与奉献始终都是历史前进的动力。因而，我们应大力弘扬劳模精神，引导劳动者真抓实干、埋头苦干，建设伟大工程，推进伟大事业，为我国走向制造强国、创新中国、人力资源强国提供人力支撑、智力支撑和创新支撑，用劳动托起个人梦、民族梦、中国梦，进而把我国建成富强民主文明和谐美丽的社会主义现代化强国。

劳动力是伟大的生产力，而生产力、社会发展力构成了社会发展的动力系统，人类社会的运动、变化、发展都是由这个动力系统推动的。因此，要实现中华民族伟大复兴的中国梦，必须依靠劳动者的双手。改革开放以来，我国经济社会发展取得了巨大成就，人民生活水平日益提高。这些成就也都是社会发展动力系统不断演进取得的成果。全体中华儿女心往一处想、劲往一处使，弘扬劳动精神，以诚实劳动汇聚强大力量，必将在民族复兴的征程上留下浓墨重彩的一笔。

要让勤奋劳动成为自觉行为，就必须从小树立正确的劳动观念，培养正确的劳动意识。青少年一代要在劳动中养成坚韧不拔的品格，在劳动中锻炼百折不挠的意志，在劳动创造中实现个人目标和远大理想，自觉把人生追求与国家富强、民族复兴相融合，为走好青春之路、人生之路打下坚实基础。

💡 | 本章思考

古今中外，赞美劳动、歌颂劳动的文学作品还有哪些？我们从中能够获得哪些启示？

第二章 马克思主义劳动观与劳动教育

习近平与劳动人民在一起

　　打坝、修渠、种树、打糍粑、磨豆花……数十年来，习近平总书记所到之处都留下了他与人民同劳动的温暖记忆，彰显出人民领袖的劳动本色、为民情怀。

　　习近平青年时期的基层经历和劳动经验，让他深知劳动是锤炼作风、联系群众的重要法宝。1969年初，不满16岁的习近平主动申请到陕北农村插队，他来到延川县文安驿公社梁家河大队。在梁家河，他与劳动人民吃住在一起，真诚地去和乡亲们打成一片，自觉地接受艰苦生活的磨炼，从一个"不谙世事的孩子"成长为"种地的好把式"。成为梁家河大队党支部书记后，他与乡亲们一起种地、打井、打坝、修公路，发展生产，改变家乡的面貌……习近平后来回忆感慨道："我生活在他们中间，劳作在他们中间，已经不分彼此。"同时，他也在劳动人民中间学到了农民实事求是、吃苦耐劳的精神。

　　离开梁家河，习近平依然坚持劳动不忘本的良好习惯。在正定，乡村考察时正赶上乡亲们锄地、间苗，习近平拿起锄头、撸起袖子就跟乡亲们一起干起来，手法和老农一样熟练，这让同行的人不由都吃了一惊。在宁德，他不仅参与劳动，还对劳动进行了深层次的思考。他曾在《摆脱贫困》一书中写道："农村劳动力如果继续束缚在原有规模的耕地上，倚锄舞镰，沿袭几千年来日出而作、日落而息的耕作老传统，进行慢节奏、低效率的生产劳动，那就不是一件好事。反之，用改革开放的眼光看待劳动力的大量转移，会惊喜地发现，我们又获得了一种极其宝贵、可待开发、可能创造巨大价值的崭新资源。"在浙江，他换上矿工服、戴上安全帽，乘罐笼下到近千米的井底，弯腰弓身沿着低矮狭窄的斜井走了1 500多米，来到采矿点看望和慰问在井下采煤的工人，并与他们一起吃饺子。

　　从劳动人民中间走出来的习近平对于劳动者一直十分关心支持。党的十八大以来，他多次与劳动群众一起出席活动，同代表谈心、给劳模回信、为劳动者鼓劲，展现了人民领袖同劳动群众面对面、心贴心、实打实的深情厚谊。2013 年 4 月 28 日，习近平来到全国总工会机关，同全国劳动模范代表座谈并发表重要讲话。他强调，全社会都要贯彻尊重劳动、尊重知识、尊重人才、尊重创造的重大方针，维护和发展劳动者的利益，保障劳动者的权利。2014 年 4 月 30 日，正在新疆考察工作的习近平在乌鲁木齐接见劳动模范和先进工作者、先进人物代表，并同他们座谈。习近平在座谈会上强调，劳动模范和先进工作者、先进人物不仅自己要做好工作，而且要身体力行向全社会传播劳动精神和劳动观念，让勤奋做事、勤勉为人、勤劳致富在全社会蔚然成风。2015 年 4 月 28 日，习近平在庆祝"五一"国际劳动节暨表彰全国劳动模范和先进工作者大会上发表重要讲话。他指出，全面建成小康社会，进而建成富强民主文明和谐的社会主义现代化国家，根本上靠劳动、靠劳动者创造。因此，无论时代条件如何变化，我们始终都要崇尚劳动、尊重劳动者，始终重视发挥工人阶级和广大劳动群众的主力军作用。

（资料来源：中央广播电视总台央视网，有改动）

探索与思考

1. 怎样理解"我们的根扎在劳动人民之中"这句话的深刻内涵？

2. 从习近平总书记积极参与劳动、礼赞劳动中，我们能得到什么启示？

马克思 17 岁时，在其中学毕业论文中说："如果我们选择了最能为人类福利而劳动的职业，那么，重担就不能把我们压倒，因为这是为大家而献身；那时我们所感到的就不是可怜的、有限的、自私的乐趣，我们的幸福将属于千百万人，我们的事业将默默地，但是永恒发挥作用地存在下去，面对我们的骨灰，高尚的人们将洒下热泪。"可见，马克思在中学时就有了"为人类福利而劳动""为大家而献身"的人生追求。马克思在其一生中都没有动摇这种高尚的人生追求，即使遭遇无数压迫，经历无数苦难，他也不忘初心，始终坚定为人类福利而奋斗的信念。究其原因，马克思在成长和学习过程中不断加深了对劳动的认识，逐渐确立了科学的劳动观。

第一节 马克思主义劳动观

马克思在《哥达纲领批判》中指出："在劳动已经不仅仅是谋生的手段，而且本身成了生活的第一需要之后；在随着个人的全面发展，他们的生产力也增长起来，而集体财富的一切源泉都充分涌流之后……只有在那个时候，才能完全超出资产阶级权利的狭隘眼界，社会才能在自己的旗帜上写上：各尽所能，按需分配！"

劳动是马克思主义理论体系的一个起始范畴和核心范畴。马克思和恩格斯以劳动为出发点和主线，发现了劳动在人和人类社会产生与发展中的重要作用，系统阐释了以劳动历史观、劳动幸福观、劳动解放思想为主要内容的马克思主义劳动观，揭示了其中蕴含的劳动教育思想的深刻内涵。

一、劳动创造了人和人类社会

马克思主义认为劳动创造了人和人类社会，这一观点阐明了作为劳动者主体的人民群众是历史创造者的基本原理，从而"在劳动发展史中找到了理解全部社会史的锁钥"，有力地批驳了"历史神创论"和"英雄史观"等唯心主义观点。劳动既是社会历史的起点和人类基本的历史活动，也是唯物史观的起点范畴和基础范畴。从这个意义上说，马克思的唯物史观本质上就是劳动史观。劳动之于人和人类产生、发展的根本作用，正是劳动神圣、劳动伟大之根本。

劳动是人类社会进步的源泉。《中华人民共和国宪法》（以下简称《宪法》）规定，"中华人民共和国公民有劳动的权利和义务"，"劳动是一切有劳动能力的公民的光荣职责"。劳动创造了世界、创造了人类、创造了人们今天的幸福生活。劳动不仅创造了人类的物质生活，而且充盈着人类的精神世界。"我的劳动是自由的生命表现，因此是生活的乐趣"，马克思阐明了劳动幸福观，进而从"人的本质是一切社会关系的总和"的角度，阐明了幸福是人类物质追求和精神追求的统一、享受和创造的统一、个人幸福和社会幸福的统一。幸福不是单纯的享受，也意味着通过劳动创造物质财富和精神财富。在商品经济条件下，劳动创造财富转化为劳动创造价值，劳动不仅能为个人创造美好生活，也能给社会创造更多财富和价值。马克思主义的劳动幸福观表明，劳动是幸福的源泉，幸福来自现实劳动生活中的满足感、愉悦感和收获感，人们对幸福的追求只能在劳动实践中展开。因此，每个人只有把个人幸福与国家兴旺、人民幸福紧密结合起来，摒弃个人主义、拜金主义、享乐主义幸福观，树立马克思主义劳动幸福观，辛勤劳动、诚实劳动、创造性劳动，才能获得真正意义上的幸福，这也是劳动幸福观的劳动教育意蕴。

马克思主义的幸福观是以全人类的幸福，即人的自由全面发展为最高目标的，然而在私有制基础上产生的异化劳动导致人的个性不能全面发展，只能片面甚至畸形发展。马克思在重点分析了资本主义异化劳动的基础上，系统阐述了从"异化劳动"到"自由劳动"的"劳动解放"的历史意义。劳动过程是人的本质的实现过程，自由自觉的劳动既是人的本质的体现，也是人的自由全面发展的需要。要实现真正的劳动自由，就必须通过劳动解放消灭异化劳动，不断消除一切有悖于实现人的本质的物质的、精神的羁绊。而劳动解放是一个历史过程，它的物质前提是生产力的高度发达和建立在其上的生产资料公有制，只有到了那时，生产劳动就不再是奴役人的手段，而成了解放人的手段。因此，劳动解放是全人类的使命，与每个时代的每一个人息息相关，任何个人都不能把自己在生产劳动这个人类生存的自然条件中所应参加的部分推到别人身上。只有通过世世代代的劳动，才能把劳动生产力不断推向一个又一个新的高度，为消灭异化劳动创造物质前提。"诚实劳动、勤勉劳动"便是劳动解放意义上的劳动教育意蕴。

总之，以劳动历史观、劳动幸福观和劳动解放思想为主要内容的马克思主义劳动观，是劳动教育的最深层次的理论根基，蕴含着"劳动最光荣、劳动最崇高、劳动最伟大、劳动最美丽"的劳动价值观。人的本质是在劳动过程中形成的。马克思通过对人类生产实践活动的深入考察，揭示了人与动物的本质区别。动物的活动都是出于本能或条件反射，而人的实践活动则伴随着自觉思考。人的实践活动，不仅是本能或体力运动，而且伴随着自觉的脑力劳动。也就是说，人在劳动过程中不断思考，并逐渐积累经验和知识。经验和知识的不断积累激发了人类的创造力，发明了工具和文字。工具的发明提高了生产力，增强了人类改造客观世界的能力。文字是人类文明进步的重要工具，因为它可以把知识记录下来，使知识得到持续性积累，最终形成人类独有的物质文明和精神文明。

二、马克思主义劳动观基本观点

马克思在深入考察人类文明史时发现，从原始社会发展至今，所有的生产实践活动都不是由单个的人完成的，而是以共同劳动的方式完成的。无论物质文明还是精神文明，都是人类在共同劳动过程中发挥主观能动性，在改造世界的过程中形成的。概言之，人民群众是物质文明和精神文明的创造者，是历史的创造者。

第一，人是劳动的产物，劳动创造了人类生存所必需的全部物质条件和精神条件。劳动是人的生命存在和全部社会活动的前提，作为生命存在的人要解决吃、穿、住的生活问题，必须从事生产劳动，通过劳动改造自然，从大自然中获取生活资料。

第二，劳动是人类全部社会关系形成和发展的基础。人们在劳动过程中，一方面同自然界发生关系，另一方面在人们之间又结成了生产关系。

第三，劳动是促使社会历史发展的根本推动力量。社会发展的最终决定力量不是精神、意志、神灵，而是人的劳动实践。在马克思、恩格斯看来，人类不仅凭借劳动满足最基本的生存需要，实现社会财富的创造和积累，而且人类最终也要通过劳动来实现人之为人的自由本质。劳动不但创造了人类的物质生活，也充盈着人类的精神世界，使人类得以成长。

马克思通过对人类劳动实践的观察和思考，做出了"人民群众是历史的创造者"这一科学论断。很大程度上，正是这一科学论断坚定了马克思的初心和高尚的人生追求，坚定了马克思为人类进步事业奉献一生的信念。由此就不难理解，中国共产党作为马克思主义政党，为什么以"全心全意为人民服务"为宗旨。"全心全意为人民服务"是一种高尚的人生追求，同时具有强大的科学理论做支撑。正是因为践行了"全心全意为人民服务"这一宗旨，中国共产党才取得了革命的成功，带领中国人民经历从站起来、富起来到强起来的伟大征程，并继续带领中国人民实现中华民族伟大复兴的中国梦。

三、马克思主义劳动观的历史意义

马克思在《1844 年经济学哲学手稿》中阐述了异化劳动：从现实的人出发，劳动的现实化就是工人的非现实化。马克思从现实社会的劳动问题出发，进而强调了劳动概念的重要性，将劳动概念上升到创造人类社会的高度，提出劳动是马克思主义理论的核心，人类将通过劳动实现自由。马克思主义劳动观的历史意义如下。

（一）确立了劳动的主体地位

马克思主义理论是以历史唯物主义和剩余价值理论为基础提出的，而劳动是马克思主义理论的中心范畴，历史唯物主义是唯物的劳动历史论，剩余价值理论是劳动的价值论。马克思强调，"劳动创造世界""体力劳动是防止一切社会病毒的伟大的消毒剂"。恩格斯也指出，"历史破天荒第一次被置于它的真正基础上；一个很明显的而以前完全被人忽略的事实，即人们首先必须吃、喝、住、穿，就是说首先必须劳动，然后才能争取统治，从事政治、宗教和哲学等等，——这一很明显的事实在历史上的应有之义此时终于获得了承认"。历史唯物主义在劳动发展史中找到了人类存在的意义，劳动创造和改造了人类的生存世界（包括自然世界和社会世界），唯物的劳动观揭示了从猿到人的转变是劳动创造了人本身，没有劳动就没有人类社会。

（二）揭示了资本主义劳动中的异化

从原始的手工劳动到现代的机器劳动（图 2-1），马克思看到了劳动在资本主义社会产生的劳动异化：人与人的劳动关系常常被表面的经济关系掩盖住，人与人的关系变成了物与物的关系，人在社会实践中本应当处于主体地位，但为了生活，却将劳动力作为商品出卖给资本，在生产实践中被物奴役了，建立在劳动者身上的私有制会使得劳动者一无所有，将全部的财富转移到了资本家的手里。马克思所指出的劳动异化可以理解为两个方面的异化，即人的外部异化和人的内部异化。外部异化可以从根源上破除这种资本主义社会制度，消灭分工、消灭私有财产，人们不会为这种制度而麻木地、僵化地进行劳动生产；内部异化则需要从人本身的各个方面使异化劳动变为自由自觉的劳动，将人们埋藏在身体内部的劳动本能发掘出来，这样的"自由自觉"的劳动是纯粹的，是发自内心的、愿意进行的劳动生产。

图 2-1　蒸汽火车

（三）提出了解放劳动的愿景

马克思认为，劳动不应是令人厌恶的、强制的，而应是人的生命本质的体现，是发自内心的自由自觉的。人不能为了生活而出卖自己的劳动，要反对资产者的阶级压迫，无产阶级组织要带领劳动群众实现劳动解放，还劳动真实的"面貌"。

"而在共产主义社会里，任何人都没有特殊的活动范围，而是都可以在任何部门内发展，社会调节着整个生产，因而使我有可能随自己的兴趣今天干这事，明天干那事，上午打猎，下午捕鱼，傍晚从事畜牧，晚饭后从事批判……""新社会的国际原则将是和平，因为每一个民族都将有同一个统治者——劳动！"马克思所倡导的未来社会的劳动是一个共同占有生产资料并消灭异化的劳动，劳动恢复其本来的面貌和功能，实现自身的回归，而实现这种劳动的措施就是生产资料共同占有，这是一种理想状态的劳动回归。

（四）为社会主义劳动观奠定理论基础

马克思主义劳动观提供了在社会主义核心价值观当中劳动思想的历史借鉴和时代价值。马克思对劳动现实进行了阐述，说明了在资本主义统治下的工人是如何被资本麻木地奴役，工人劳动产生的价值被资本家无情地占有，支付给工人的工资也只不过是榨取工人的剩余价值中少得可怜的一部分，这样的雇佣劳动使得工人一贫如洗。

马克思主义劳动观给现实的人们揭示了无情的社会，并提供了未来社会建设正确的理论指导，有其时代的先进性，是社会主义劳动观的理论基础。同时，研究马克思主义劳动观的历史重要性不仅在于面向现在新时代劳动观的发展，更是为了面向人类劳动即将应对的挑战。

四、马克思主义劳动观的时代价值

马克思主义劳动观的诞生，是人类劳动学说史上的一座里程碑。马克思主义劳动观第一次全面阐述了劳动在人类社会发展史上的决定性作用，由此揭示了人类社会发展的一般规律。马克思主义劳动观不仅在人类劳动学说史上具有重要的理论价值和历史地位，而且对新时代坚持和发展中国特色社会主义，实现中华民族伟大复兴的中国梦具有十分重要的意义。

（一）为实现民族复兴指明了必经之路

马克思主义认为，劳动是人类生存的基本条件，"为了满足需求，就需要有劳动"。劳动造就了中华民族的辉煌历史，也必将创造出中华民族的光明未来。正如习近平总书记所指出的，"劳动是财富的源泉，也是幸福的源泉。人世间的美好梦想，只有通过诚实劳动才能实现；发展中的各种难题，只有通过诚实劳动才能破解；生命里的一切辉煌，只有通过诚实劳动才能铸就"。在近百年奋斗历程中，我们党团结带领全国人民进行革命、建设和改革，使中华民族迎来了实现伟大复兴的光明前景。越是接近目标，越要依靠劳动。我们要把马克思主义劳动观蕴含的科学真理运用到新时代坚持和发展中国特色社会主义的伟大实践中，不断把中华民族伟大复兴事业推向前进。

（二）为推进社会发展揭示了主体力量

马克思主义认为，"整个所谓世界历史不外是人通过人的劳动而诞生的过程"。社会主义是干出来的，新时代也是干出来的。新时代坚持和发展中国特色社会主义伟大事业，根本上靠劳动、靠劳动者创造。一切不劳而获、投机取巧、贪图享乐的思想都是错误的，任何时候、任何人都不能看不起普通劳动者。我们要在全社会大力弘扬劳动精神，推动全社会热爱劳动、投身劳动、爱岗敬业，让劳动光荣成为铿锵的时代强音，让勤奋做事、勤勉为人、勤劳致富在全社会蔚然成风，为实现中华民族伟大复兴的中国梦凝聚强大精神动能。

（三）为进行自我革命奠定了理论基础

马克思主义认为，共产党人是劳动人民当中最彻底、最坚定的先进分子，是最不知疲倦的、无所畏惧的和可靠的先进战士，为建设共产主义社会而奋斗。劳动是马克思主义政党先进性和纯洁性的内在要求。正如习近平总书记所指出，"劳动是共产党人保持政治本色的重要途径，是共产党人保持政治肌体健康的重要手段，也是共产党人发扬优良作风、自觉抵御'四风'的重要保障"。我们党不断进行的自我革命，就是同一切影响党的先进性、弱化党的纯洁性的问题做坚决斗争，确保我们党永远做人民公仆、时代先锋、民族脊梁。

第二节　新时代劳动教育

习近平总书记在全国教育大会上强调，"培养德智体美劳全面发展的社会主义建设者和接班人"，"要在学生中弘扬劳动精神，教育引导学生崇尚劳动、尊重劳动，懂得劳动最光荣、劳动最崇高、劳动最伟大、劳动最美丽的道理，长大后能够辛勤劳动、诚实劳动、创造性劳动"。这些重要论述，高度赞扬新时代劳动教育的旗帜，丰富和发展了党的教育方针，具有重大的时代价值和鲜明的现实针对性，也对高校提出了加强劳动教育的新任务、新课题。

一、加强劳动教育，是坚持和发展马克思主义唯物史观，坚持和发展中国特色社会主义的客观需要

恩格斯曾指出，"劳动和自然界在一起才是一切财富的源泉，自然界为劳动提供材料，劳动把材料变为财富。但是劳动的作用还远不止于此。劳动是整个人类生活的第一个基本条件，而且达到这样的程度，以致我们在某种意义上不得不说：劳动创造了人本身"。强调劳动价值和劳动教育也是马克思主义唯物史观的核心内容和本质规定。列宁也曾指出："没有年轻一代的教育和生产劳动的结合，未来社会的理想是不能想象的：无论是脱离生产劳动的教学和教育，或是没有同时进行教学和教育的生产劳动，都不能达到现代技术水平和科学知识现状所要求的高度。"党的十八大以来，习近平总书记在多次重要讲话中围绕劳动、劳动者、劳模精神等内容进行了深刻阐述，党的二十大报告也对劳动和劳动者作出了一系列重要论断，这些论述既继承和发展了马克思主义劳动观，又勾勒出中国特色社会主义伟大事业的实践路径，展现了"实干兴邦"的劳动实践观、"崇尚劳动"的劳动价值观、"热爱劳动"的劳动教育观等内容。可以说，勤奋劳动、诚实劳动、创造性劳动，是社会主义国家劳动者的鲜明特征。高校加强劳动教育，是新时代旗帜鲜明地坚持和发展马克思主义，坚持和发展中国特色社会主义的要求。

二、加强劳动教育，是建设社会主义现代化强国、实现伟大复兴中国梦的客观需要

以劳动托起中国梦，进行伟大斗争、建设伟大工程、推进伟大事业、实现伟大梦想，进而建成富强民主文明和谐美丽的社会主义现代化强国，根本上要靠劳动者的辛勤劳动、诚实劳动和创造性劳动。在我国转变经济增长方式，建设知识型、技能型、创新型劳动大军的今天，高校重视劳动教育是富国强民的大事，具有更加迫切的现实意义和历史意义。高校加强劳动教育，既能引导新时代大学生努力学习科学文化知识、练就过硬本领，又能教育大学生坚定理想信念、培育劳动情怀，自觉把人生理想、家庭幸福融入国家富强、民族复兴的伟业之中，建构个人与集体、个人梦与中国梦融合统一的发展共同体和命运共同体，最终在广大青年学生的接力奋斗中实现中华民族伟大复兴的中国梦。

三、加强劳动教育，是实现立德树人根本任务的客观需要

高等教育肩负着培养社会主义建设者和接班人的重大任务，坚持教育为人民服务、为中国共产党治国理政服务、为巩固和发展中国特色社会主义制度服务、为改革开放和社会主义现代化建设服务，培养的人才必须具备正确的世界观、人生观、价值观。德智体美劳五育之间既有密切联系，又有各自不同的功能，劳动教育是构建全面教育体系不可或缺的一环。对当代大学生加强劳动教育，倡导劳动最光荣、劳动最崇高、劳动最伟大、劳动最美丽的价值观念，可以引导其崇尚劳动价值、追求劳动创造、尊重劳动主体，以辛勤劳动为荣、以好逸恶劳为耻，不断成长为有理想信念、有过硬本领、有责任担当的社会主义建设者和接班人，进一步营造劳动光荣的社会风尚和精益求精的敬业风气，从而做到"以劳树德、以劳增智、以劳强体、以劳育美、以劳创新，促进学生德智体美劳全面发展"。

人类所有的实践活动归根结底都是劳动。劳动是马克思揭示人类社会发展一般规律的出发点，劳动价值论是马克思科学社会主义的理论根基。培养马克思主义劳动观，根本上是加深对人民群众这一劳动主体的认识。因此，新时代强调劳动教育既是对马克思主义劳动观的继承和发展，也是贯彻马克思主义劳动观指导思想的必然要求。只有尊重广大劳动者，深刻认识劳动的重要性，才能真正领悟"人民群众是历史创造者"这一科学论断。只有深刻把握这一科学论断才能树立坚定的理想信念，为人民谋幸福，为社会主义事业而奋斗。因此，劳动教育的根本目的是贯彻立德树人的根本任务，培养具有人民情怀的社会主义事业建设者和接班人。

教育与生产劳动相结合是造就全面发展的人的唯一方法。劳动教育在实现人的自由全面发展过程中具有工具价值，根本原因在于它与人类劳动过程中劳动解放的根本目标相一

致。因此，只有从马克思主义劳动观出发，才能深刻理解劳动教育的内在逻辑，充分发挥劳动教育在培养社会主义建设者和接班人中的重要作用，在全社会形成崇尚劳动、尊重劳动的社会风尚，激发人们诚实劳动、勤勉劳动的内在热情和劳动品质。

本章思考

你认为大学生应该接受什么样的劳动教育？应该怎样积极参与劳动教育？

第二部分

劳动精神面貌编

第三章 学习劳模精神

课堂导入

习近平总书记关于劳模精神的论述

2016 年 4 月 26 日，习近平总书记在知识分子、劳动模范、青年代表座谈会上的讲话中指出："劳动模范是劳动群众的杰出代表，是最美的劳动者。劳动模范身上体现的'爱岗敬业、争创一流，艰苦奋斗、勇于创新，淡泊名利、甘于奉献'的劳模精神，是伟大时代精神的生动体现。我们要在全社会大力宣传劳动模范的先进事迹，号召全社会向他们学习、向他们致敬。"

（资料来源：作者根据相关资料整理编写）

探索与思考

1. 劳模精神是什么？有哪些内涵？

2. 为什么要学习劳模精神？

每个时代都有时代楷模，不同时代的楷模凝聚着各自时代的先进文化。时代楷模汇集、弘扬和传承着时代的先进道德和文化精华，发挥着榜样的示范作用、激励作用和引导作用。各行各业涌现出千千万万的时代楷模，他们用自己的行为塑造时代的道德生活，彰显时代的价值风尚，滋养着一代又一代人。他们有的以勤劳的双手和聪明才智，创造了巨大的物质财富和精神财富，推动了社会进步；有的在平凡的岗位上扎实苦干、默默坚守、无私奉献；有的用血汗浇筑祖国建设的基座；有的用青春书写壮丽无悔的诗篇。他们的事迹和精神永远值得人们学习，他们是永不褪色的时代记忆。

第一节　劳模精神内涵

劳动模范是源于生活实践的国家栋梁、社会中坚、民族楷模、人民榜样。他们作为劳动者中的一员，虽然和其他劳动者一起参加社会劳动，却在平凡的劳动中以自己的坚持、坚守和坚定铸就了不平凡的人生，在时代机遇下奏响了"时代的劳动者之歌"。劳动模范是一面旗帜，凝聚了时代的劳动精神，弘扬劳动的道德风尚。他们用自己的行为影响和感染身边的人，潜移默化、润物无声，不断激励一代又一代人建功立业，争当时代的先锋。劳动模范是遵循和践行社会主义核心价值观的典范。他们既是社会主义核心价值观的模范实践者、生动传播者和最有说服力的检验者，又创造着先进的精神文化，是社会主义核心价值体系的重要组成部分。劳动模范身上承载和彰显的劳模精神是中国工人阶级和劳动人民自强、自信、自立崇高品格的生动体现，既是时代的宝贵财富，又是推动时代前行的精神力量。

习近平总书记指出，"全面建成小康社会，我国亿万劳动群众是主体力量""摆在我们面前的任务是把美好蓝图变为现实。广大知识分子、广大劳动群众、广大青年要紧跟时代、肩负使命、锐意进取，把自身的前途命运同国家和民族的前途命运紧紧联系在一起"。时代更迭，劳动的内涵不断丰富，劳动模范的标准不断更新，劳模精神在不同时代、不同行业也呈现出不同的特征。然而，品德不会过时，劳模精神光辉永驻。无论是南泥湾精神、铁人精神，还是"两弹一星"精神、特区精神都是人类劳动活动和工作实践的结晶，都闪耀着劳模精神的无尽光芒。

当前，中国特色社会主义进入了新时代。习近平总书记将劳模精神表述为"爱岗敬业、争创一流，艰苦奋斗、勇于创新，淡泊名利、甘于奉献"。从总体上看，习近平总书记关于劳模精神的表述既道出了劳动模范能够从广大劳动者群体中脱颖而出的根本原因，又为新时代的广大劳动者指明了奋斗方向。在这一表述中，"爱岗敬业"是本分，"争创一流"是追求，"艰苦奋斗"是作风，"勇于创新"是使命，"淡泊名利"是境界，"甘于奉献"是修为。守本分、有追求、讲作风、担使命、有境界、有修为，是每一位新时代劳动模范应有的精神风范，更是每一位新时代劳动者应该追求的目标。正确理解这一表述中 6 个词语的各自含义，有助于我们从整体上把握劳模精神的科学内涵。

一、爱岗敬业、争创一流

爱岗敬业是爱岗和敬业的总称，是指对本职工作的忠于职守，是最基本的职业道德要求。"爱岗"就是热爱自己的工作岗位，热爱本职工作，具有职业的荣誉感和自豪感；"敬业"就是用恭敬严肃的态度对待自己的工作，以认真负责的态度从事自己的工作。两者互为前提，相互支持、相辅相成。爱岗是敬业的基石，敬业是爱岗的升华。提倡爱岗敬业，是促使人们更加自觉地以强烈的事业心和责任感从事工作。爱岗敬业的基本要求包括：正确认识职业，树立职业理想；热爱敬重职业，恪守职业道德；踏实扎根职业，履行职业责任；培养职业兴趣，提高职业技能。

　　提倡爱岗敬业，并不是要求人们只能干一行、爱一行，不能片面地把爱岗敬业理解为绝对的终身只能从事某一个职业。爱岗敬业不排斥人的全面发展，相反，提倡爱岗敬业是鼓励劳动者通过本职工作在一定程度上和范围内实现全面发展。劳动者可以根据社会的需要和个人的专业、特长、兴趣、爱好选择自己的职业，并在平凡的工作岗位上不断增长知识和才干，努力成为多面手。"干一行、爱一行、专一行、精一行"的职业选择理念，不仅有助于劳动者充分调动自身的积极性和创造性，而且有助于真正做到人尽其才。

　　许多用人单位在挑选人才时，将劳动者的爱岗敬业精神作为一项非常重要的衡量标准，因为用人单位往往认为，只有那些干一行、爱一行的人才能专心致志地搞好工作，只有爱岗敬业的人才会在自己的工作岗位上勤勤恳恳、兢兢业业、任劳任怨、尽职尽责。因此，具有爱岗敬业精神的人往往在就业时有一定的竞争优势。

　　争创一流就是正确对待工作中的困难和挫折，认真、高效地分析和解决问题；就是肯学、肯干、肯钻研，敢想、敢干、敢追梦；就是瞄准先进、放眼世界、比学赶超，不断向新的目标迈进。争创一流的基本要求包括：强化一切从实际出发和追求卓越的理念，强化积极主动、敢于善于沟通协调的意识，强化优质高效、充满生机与活力的工作精神。

　　（1）追求卓越。追求卓越就是将自身的能力、优势及能够调动的资源发挥到极致的一种状态。追求卓越既要志存高远，又必须从实际出发，否则这种追求就如同沙上建塔、空中楼阁。追求卓越同样要求劳动者必须首先坚持辩证唯物主义和历史唯物主义，坚持解放思想和实事求是的辩证统一。

　　（2）沟通协调。沟通协调是指利用各种工具、方法整合资源，达到增进了解、消除误会、协同一致的目的。沟通协调在现代管理中占有非常重要的地位，其重在解决问题，贵在通达事理，效在聚合力量。劳动者不但要敢于沟通协调，还要善于沟通协调，更要积极主动地沟通协调。劳动者只有通过不断提高沟通的艺术，不断强化处理问题与化解矛盾的技巧，恰当地把握原则性与灵活性的关系进行有效沟通，才能把一切可以团结的力量团结起来，把一切可以调动的积极因素调动起来，敏锐精准地发现问题，妥善高效地解决问题。

　　（3）工作精神。工作精神是对工作价值的一种态度和行为反应，包含工作中的职业精神、团队精神、奉献精神等。①职业精神与职业活动紧密联系，是具有职业特征的精神与操守，是劳动者从事某项具体工作应该具备的技能、素质与道德等，本质是为人民服务。职业精神强调优质和高效。②团队精神是人们在集体中形成的一种普遍认同和协同关系，反映的是个体利益和整体利益的统一，是大局意识、协作精神和服务精神的集中体现，核心是协同合作，最高境界是凝聚全体劳动者的向心力。团队精神强调生机和活力。③奉献精神是不求回报的爱和全身心的付出，是无私的价值追求和行动自觉的体现。奉献精神强调忘我和付出。

二、艰苦奋斗、勇于创新

艰苦奋斗是中华民族的传统美德，勤劳、勇敢、坚韧的中华民族向来以吃苦耐劳和勤俭持家著称于世。艰苦奋斗正是劳动者不怕艰难困苦、英勇顽强地战胜困难的作风。艰苦奋斗是劳动者永远不变的底色。幸福都是奋斗出来的。正如习近平总书记所指出的："奋斗本身就是一种幸福。只有奋斗的人生才称得上幸福的人生。"奋斗者是精神最为富足的人，也是最懂得幸福、最享受幸福的人。倡导艰苦奋斗，就是倡导不畏艰难，为实现伟大理想顽强拼搏、不懈奋斗的精神。

艰苦奋斗也是中国共产党人的政治本色。中国共产党领导中国人民争取国家独立和民族解放的斗争史就是一部艰苦卓绝的创业史，中国共产党领导全国各族人民进行社会主义现代化建设的历史就是一部矢志不渝的奋斗史。

创新是引领发展的第一动力。纵观人类发展历史，创新始终是推动国家、民族前进的不竭动力。曾经，以"四大发明"为主要代表的中国古代科技成果造福了世界；而今，科学技术从来没有像今天这样深刻地影响着国家的前途命运，影响着人民的生活福祉。当前，中华民族迎来了千载难逢的历史机遇期。要实现中华民族伟大复兴的中国梦，就一定要大力发展科学技术，努力增强自主创新能力，激发广大劳动者的创新活力，夯实创新发展人才基础，营造创新文化氛围，跑出中国创造的"加速度"。

倡导勇于创新，就是鼓励广大劳动者积极运用自己的知识和经验，提出独到见解，将科学技术不断引入劳动和实践；就是鼓励广大劳动者勇于迎难而上，不惧风险、不怕失败、不畏挑战；就是鼓励广大劳动者与时俱进，学习与验证，瞄准前沿、寻求突破、实现跨越。创新人才，不仅要具有创新意识、创新精神、创新思维、创新知识、创新能力，还要具有良好的创新人格，能够通过创造性的劳动取得创新成果，在某一领域、某一行业、某一项工作上为社会发展和人类进步做出创新贡献。

新中国历来倡导创新劳动，多次将优秀创新人才树立为劳动模范。党的十八大以来，我国建设创新型人才队伍的步伐逐渐加快。2016 年 5 月 30 日，习近平总书记在全国科技创新大会、两院院士大会、中国科协第九次全国代表大会上的讲话中指出："要大兴识才爱才敬才用才之风，为科技人才发展提供良好环境，在创新实践中发现人才、在创新活动中培育人才、在创新事业中凝聚人才，聚天下英才而用之，让更多千里马竞相奔腾。"

三、淡泊名利、甘于奉献

淡泊名利的意思是不热衷名声，不追求利益。对于劳动者而言，最大的困境往往不在于如何突破技术上的瓶颈，而在于如何正确地看待耕耘与收获。客观而言，名利本身并没有错，它是对奋斗和付出的肯定和回报。劳动者在工作中取得了成绩，收获荣誉、得到物质奖励都不是过错，但是劳动者一旦开始追名逐利，甚至痴迷于名利，就会被套上名缰利锁，拿得起而放不下，忘却劳动的真谛。

淡泊名利是一种境界，不仅要求劳动者树立正确的世界观、人生观、价值观，还要求劳动者既要懂得知足，又要怀揣信念。名利是无止境的，欲望是无尽头的。只有知足常乐，才能看得通透；只有坚守信念，才能永葆初心。

当然，淡泊名利必须完全出于劳动者的自愿，必须是自主的不计得失，是自发的不问收获。任何强制"淡泊名利"的行为在实质上都是对劳动者权益的侵害。

奉献精神是不求回报的爱和全身心的付出。①奉献不论多少。燃烧自己照亮别人的"蜡烛精神"是奉献精神的缩影，有一分热放一分光的"萤火虫精神"也是奉献精神的写照。②奉献不论职业。冲上火线的消防战士、奔赴疫区的白衣天使、抗洪抢险的部队官兵都是最美奉献者。他们用生命守护生命，用爱传递希望；他们在成长中奉献，在奉献中成长。③甘于奉献是一种纯粹的实力。甘于奉献的人，拥有献出爱和传递爱的能力，"赠人玫瑰，手留余香"；甘于奉献的人，拥有延展生命和升华人生的力量，如润物之春雨。劳动者坚守甘于奉献的高贵品质，让其成为自身永恒的价值追求，这是将个人理想融入国家和民族伟大事业的最好方式。

探究思考

劳模是怎样选出来的

劳动模范和先进工作者是我国工人阶级和广大劳动者的优秀代表。选树什么样的劳动模范，代表着重要的价值导向、社会导向和发展方向。为此，我国在不断总结和完善中建立了一整套科学的劳动模范评选机制、宣传机制、管理机制、监督机制，使劳模工作逐步实现制度化、公开化、民主化、群众化、社会化、系统化和科学化。

1943 年 10 月 5 日，陕甘宁边区政府颁布的《陕甘宁边区劳动英雄与模范生产工作者大会及其代表的选举办法》，针对评选劳模和召开劳模大会的意义、劳模产生的程序及劳模当选的条件等——提出了明确的要求，这在我国劳模史上具有里程碑意义。该办法第四条中反复强调，各单位在选举劳模时要召开选举大会，而且要求全体人员参加大会选举。

1944 年 9 月，陕甘宁边区政府公布实施了一个更加细化、明确、完善的劳动英雄和模范生产工作者的选举及奖励办法《边区政府关于劳动英雄与模范工作者选举与奖励办法》。该办法第四条规定，凡边区居民皆为劳动英雄和模范工作者之选举及被选举人，无阶级、党派、职业、宗教、信仰、文化程度、性别、民族、国籍的限制。

如今，我国通过制定一整套相关管理办法，明确了劳动模范推荐评选工作必须严格遵守的推荐评选程序，坚持自下而上，公开、公平、公正的原则，充分发扬民主，逐级推荐、审核、公示，接受社会监督，做到群众公认。劳模评选不是由工会系统"独家包干"，而是由国家劳动和社会保障部等20余家部委协同成立表彰筹备委员会，该委员会成员名单报国务院批准。各级工会、人社、统战等机构分别负责评审、推荐、公示、社会监督等各个环节的具体工作。

劳动模范推选工作由党工委统筹进行，推选工作按照自下而上、民主推荐、逐级审查的方式进行。基层单位要召开职工（代表）大会等进行充分讨论，经民主程序选出拟推荐人选，形成书面的会议决议或会议纪要。基层单位对民主推荐产生的人选进行公示，公示内容包括推荐人选的姓名、性别、民族、出生年月、政治面貌、学历、单位（全称）、职务、职称、简要事迹和举报方式等，公示时间为5个工作日，要有公示现场照片。公示结束后，须形成公示无异议报告或公示处理情况报告。各推荐单位如实填写推荐人选基本情况表，并征求相关部门意见，填写征求意见表，围绕推荐评选条件准备推荐人选的事迹材料，收集推荐人选的荣誉基础材料。部分身份特殊人选，还需提供身份证明材料。

推选程序包括：①推荐。拟推荐对象须自下而上产生，经本单位民主差额推荐，职工（代表）大会（机关推荐时由机关工会广泛征求意见和有关部门签署意见）讨论通过并公示，经主管厅局党组（党委）审核盖章后，向地方推选委员会推荐。②初审。地方推选委员会办公室按照评选条件，对拟推荐对象情况进行初审。③评审。地方推选委员会组织有关人员成立评审组，对候选对象进行无记名投票，好中选优，确定拟推荐对象。④审定。将拟推荐对象名单提交省级党工委审定。⑤省评委会初审。推荐名单经省级党工委审定后，报省评委会办公室。⑥公示。将省评委会审定后的推荐对象通过工会网站向社会公示，广泛接受群众监督，公示期为5个工作日。

劳模评选坚持走群众路线，坚持面向基层和群众公认的原则。凡有群众举报的推荐人选，各推荐单位须认真调查核实，并在规定时间内作出负责的答复；逾期未反馈处理意见或处理意见不明确的，取消其评选资格。

（资料来源：中华全国总工会经济技术部.新编劳模工作手册[M].北京：中国工人出版社，2012.有改动）

深入思考

1. 在劳动模范的评选中主要注重哪些因素？

2. 你觉得一名劳模的成长过程是怎样的？你想成为一名劳模吗？

第二节 劳模精神的时代演化

中国的劳模现象最早出现于土地革命战争时期，孕育成长在抗日战争和解放战争时期，发展壮大于中华人民共和国成立初期，与时俱进于改革开放和社会主义现代化建设新时期，迄今为止已有几十年的历史。"全国劳动模范"是中华人民共和国授予劳动者的最高荣誉。在梳理中国劳模的产生、发展过程后不难发现，中国的劳动竞赛运动和劳模现象历史之长、范围之广、内容之丰、作用之大、影响之深，可谓人类历史上独树一帜。中国的劳模在不同历史时期的特征与作用对我们的启示如下。

（1）必须科学选树劳模，充分发挥劳模作用，积极引导工人阶级队伍建设。

（2）必须健全和完善劳模工作运行机制，推动劳模队伍可持续发展。

（3）必须不断丰富和发展劳模精神的内涵，使劳模文化成为社会主义先进文化和中华文明的重要组成部分，在社会发展进步中得以传承和发扬。

一、革命战争时期的劳模精神

中国的劳模最早诞生于土地革命战争时期中央苏区的公营企业和革命竞赛中，尔后在抗日战争时期的陕甘宁边区大生产运动和各项建设中不断涌现，解放战争时期又出现了大量的"支前劳模"和"工业劳模"。

新民主主义革命时期，中国共产党领导革命根据地军民先后开展了两次大规模的生产运动：1932—1934年，中央苏区以劳动竞赛为主要形式的大生产运动；1941—1944年，以南泥湾为代表的大生产运动。前者以改善苏区的经济状况、支持长期抗战为目标；后者以实现"自己动手、丰衣足食"为目标。中国共产党领导的这两次大规模生产运动极大地激发了人民群众的劳动热情，促进了革命根据地的生产发展，保障了革命战争的胜利进行。在这一时期的劳动竞赛中还涌现出许多劳动模范。他们来自农村、工厂、军队、党政机关、合作社、学校等多个地方，涵盖农业、工业、手工业、运输业、畜牧业、商业、财政金融贸易、卫生保育等多个行业。这些劳动模范中既有畜牧、植棉、打盐、运盐、安置移民、拥军优抗的劳动英雄，又有退伍军人、妇女、青年、学生、抗属工属等劳动英雄，甚至还有被俘虏的日本兵也因努力生产成了劳动英雄。

这一时期的劳动模范主要由生产表现好的劳动英雄和工作成绩好的模范工作者构成，推选劳动模范的方式从上级指定转变为群众评选，评判劳动模范的标准为"为革命献身、革命加拼命、苦干加巧干、经验加创新"的劳模精神，体现的是"服务战争、支援军事"的指导思想，呈现出"革命型"的劳模特征。

这一时期通过组织劳模运动、弘扬劳模精神，中国共产党极大地调动了军民斗争、生产、工作的积极性，在群众中首次树立了"劳动光荣、劳动致富"的劳动观念，不但推动了地方生产、建设事业和各项工作的大发展，改善了军民的生活，提高了基层群众的军事素质和工作效率，还创新了生产组织形式和工作方式，密切了军民关系、干群关系、党群关系，增强了劳动人民的团结，并为中国共产党领导下的新民主主义革命取得胜利、建立新中国打下了坚实的基础。

二、中华人民共和国成立初期的劳模精神

中华人民共和国成立初期，党和国家面临恢复和发展国民经济、建设社会主义国家的艰巨任务。各级政府在组织生产的过程中沿用战争年代经济工作中积累的经验，依托社会主义劳动竞赛和生产运动开展了形式多样的劳模运动，评选出一批又一批劳动模范和先进生产者作为典型，以此激励广大人民群众努力工作。1950—1960 年，是中国劳模快速发展时期，党和国家先后召开 4 次大规模的全国性劳动模范和先进生产者代表大会（表 3-1），共表彰 6 510 个先进集体和 11 120 名先进个人。这一时期表彰的劳动模范主要来源于基层，以一线产业工人为主，大多数为体力劳动者。"一不怕苦、二不怕死"的硬骨头精神和"老黄牛"形象是这一时期劳动模范的真实写照。

新中国成立初期，百废待兴。这一时期劳模队伍的迅速壮大，恰恰反映了当时国家经济工作的政策导向。劳模经验的推广也确实起到了提高广大劳动者操作技能和熟练程度、提升技术水平和生产效率的示范引领作用，为中国国民经济的恢复、社会主义建设在各条战线的起步和发展做出了重大贡献。

表 3-1　1950—1960 年中国 4 次大规模全国性劳动模范和先进生产者代表大会

时间	会议	表彰情况	
1950 年 9 月 25 日—10 月 2 日	全国战斗英雄代表会议和全国工农兵劳动模范代表会议	授予全国工农兵劳动模范荣誉称号 464 人	工业劳模代表 208 人
			农业劳模代表 198 人
			部队劳模代表 58 人
1956 年 4 月 30 日—5 月 10 日	全国先进生产者代表会议	授予全国先进集体称号 853 个	
		授予全国先进生产者称号 4 703 人	
1959 年 10 月 26 日—11 月 8 日	全国工业、交通运输、基本建设、财贸方面社会主义建设先进集体和先进生产者代表大会（简称"全国群英会"）	授予全国先进集体称号 2 565 个	
		授予全国先进生产者称号 3 267 人	
1960 年 6 月 1 日—6 月 11 日	全国教育和文化、卫生、体育、新闻方面社会主义建设先进单位和先进工作者代表大会（简称"全国文教群英会"）	授予全国先进单位称号 3 092 个	
		授予全国先进工作者称号 2 686 人	

三、改革开放和社会主义现代化建设新时期的劳模精神

改革开放和社会主义现代化建设新时期，劳模队伍迎来了新中国成立后的第二次发展高潮。1977 年 4 月至 1979 年 12 月不到 3 年时间，中共中央和国务院就召开了 5 次全国

性的劳模大会，共评选出来自工业、农业、科技、财贸、交通、教育、医药卫生、科研等领域的 2 541 名劳动模范和先进工作者，1979 年相关会议情况见表 3-2。尤其值得注意的是，改革开放初期，劳动模范的评选范围突破了单纯的生产范畴，专职技术人员、"知识型工人"和优秀企业家逐渐进入劳模行列。例如，陈景润、蒋筑英、邓稼先、袁隆平等一批知识分子和科研工作者的优秀代表成为劳模队伍的新成员，"把理想化为实干"的献身精神成为这一时期劳模精神的精华。邓小平同志提出"尊重知识、尊重人才"的口号更是极大地鼓舞了广大知识分子的工作热情。由此，广大知识分子释放出巨大的能量，为改革开放提供了强大的智力支持和人才保障。

表 3-2 1979 年全国性劳动模范和先进生产者代表会议

时间	会议	表彰情况
1979 年 9 月 28 日	国务院表彰工业交通、基本建设战线全国先进企业和全国劳动模范大会在北京召开	授予全国先进企业称号 118 个
		授予全国劳动模范称号 222 人
1979 年 12 月 28 日	国务院表彰农业、财贸、教育、卫生、科研战线全国先进单位和全国劳动模范大会在北京召开	授予全国先进单位称号 351 个

1995 年以后，全国劳动模范和先进工作者的评选时间开始固定化，基本为每 5 年召开一次。21 世纪以来，劳动模范的评选活动也发生了较大的变化，主要表现在以下几个方面：①劳动模范的评选标准更加具有时代特征；②劳动模范的来源范围更加广泛；③劳动模范的结构更加复杂多样；④劳动模范的评选方式更加科学民主。

随着大众创业、万众创新时代的到来，劳模队伍结构悄然变化，主要表现在两个方面：一是知识型、科技型、创新型人才越来越多，在劳模队伍中的占比不断提高。"知识型、技能型、创新型、管理型"成为当代劳模的鲜明特征；二是多样性的趋势越来越明显，并与经济发展的特征越来越契合。劳动模范的构成包括更多社会群体，覆盖老、中、青各个年龄层次。虽然劳模结构在变化，但劳动模范从一线来、从基层来的特征始终没有改变。在每年的劳模评选中，绝对保证一线工人、技术工人、农民工等普通劳动者的数量。

劳模精神作为中国特色社会主义文化的重要组成部分，贯穿社会主义现代化建设的始终，植根于中华民族劳动过程，特别是中国特色社会主义伟大实践，充分继承并发展了中华优秀传统文化和社会主义先进文化，是中国特色社会主义文化自信的重要支撑。在改革开放和社会主义现代化建设新时期，充满活力和感召力的劳模队伍为全面建设小康社会，推动社会主义经济建设、政治建设、文化建设、社会建设和生态文明建设做出了重大贡献，是实现中华民族伟大复兴，开拓中国特色社会主义事业新局面的重要力量。

第三节　弘扬劳模精神的重要意义

虽然劳模精神的内涵随着时代变迁而被赋予相应的时代元素，但劳模精神的价值追求和精神引领一直未曾改变。大力弘扬劳模精神、劳动精神能够进一步凝聚中国力量，对实现中华民族伟大复兴的中国梦有着强大的精神激励作用。在新时代大力弘扬劳模精神，有利于培育一支高素质的产业工人队伍，有利于引导劳动者真抓实干、埋头苦干，建设中国工程、推进中国事业，为走向制造强国、创新中国、人力资源强国提供人力支撑、智力支撑和创新支撑，用劳动托起个人梦、民族梦、中国梦，进而建成富强民主文明和谐美丽的社会主义现代化强国。

一、有利于鼓舞劳动者争做新时代奋斗者

中国梦是中华民族觉醒和崛起之梦。鸦片战争后，中国惨痛的百年历史表明：落后就要挨打，国不强民不富，人民的幸福生活就无法得到保障。十月革命之后，觉醒的中国人开启了民族复兴的梦想之路和探索之路。多年以来，中国人民在中国共产党的领导下，通过自己的辛勤劳动、智慧劳动、诚实劳动实现了一个又一个梦想，国家不仅实现了民族独立，而且开启民族复兴之路，实现稳定发展。如今，我国已经成为世界第二大经济体，在世界舞台上的作用越来越重要。人是生产力中最活跃最根本的要素，在全球深度嬗变的激荡格局中，在国际竞争日趋激烈的情形中，大力弘扬劳模精神正是在新时期为广大劳动者注入的强大动力。

二、有利于激发劳动者的劳动热情

中国梦是个体梦与群体梦的辩证统一，只有国家富强、民族复兴，中国亿万人民才能过上幸福的生活。只有人民幸福了，社会幸福感才会提升，民族才会兴旺发达，国家才会富裕强大。几千年来，中华儿女对美好生活的向往，对社会发展的不懈追求，为中国梦的实现奠定了坚实的基础。中国是一个拥有14亿多人口的大国，中国梦的实现本身就是对个人梦的融合，人民群众创造了历史，劳动开创未来。劳动是推动人类社会进步发展的根本力量，因此实现中国梦必须紧紧依靠广大劳动者。在新时代大力弘扬劳模精神，才能更进一步强化劳动者的主人翁地位，给劳动者个人的发展和价值的实现创造更有利的条件，激发劳动者做新时代的奋斗者，把自己的事情办好，实现个人的幸福，最终实现中国梦。

劳模精神凝结着中华民族的优秀品德，闪烁着时代发展的耀眼光辉，为社会发展凝聚向上向善的氛围提供了强大力量。大力弘扬劳模精神，有助于进一步激发人们心中蕴藏的

道德热情，焕发人们参与传承劳模精神的积极性。劳模精神包含的公而忘私的共产主义风格、艰苦奋斗的革命精神，也充分体现了中华民族传统美德。大力弘扬劳模精神，有助于引导人们树立尊重劳动、爱护劳模、学习劳模、争当劳模的思想意识。

三、有利于让劳动者筑牢思想根基

引导劳动者争当劳模，用先进思想、模范行动影响和带动全社会，增强历史使命感和责任感，立足本职、胸怀全局，自觉地把人生理想、家庭幸福纳入国家富强、民族复兴的伟业之中，把个人梦与中国梦紧密联系在一起，把实现党和国家确立的发展目标变成自己的自觉行动。

弘扬劳模精神不仅是一句口号，要认识到学劳模、赶先进、讲奉献的重要意义，引导人们正确把握劳动和创造的关系；要在全社会大力弘扬真抓实干、埋头苦干的良好风尚，不让能做事、会做事的老实人吃亏，不让取巧卖乖的人得利。通过发挥劳模骨干的示范导向作用，引导其他劳动者脚踏实地、创造性地开展劳动，在全社会范围内营造尊重劳动、崇尚劳动、热爱劳动的有利氛围，用劳动托起个人梦、托起中国梦。

劳模精神已经得到全体劳动人民的认同，各行各业都掀起了学劳模、做劳模的新风尚。在新时代继承和发扬劳模精神，不仅体现了劳动者对社会主义国家主人翁身份的认同，对劳动光荣、劳动伟大的充分尊重和认可，还展现了我国劳动人民在新时代的责任与担当和对实现中国特色社会主义伟大事业的高度自信。大力弘扬劳模精神，有利于营造社会良好的劳动氛围，让学习劳模蔚然成风，促进社会公平正义的发展，同时也为劳动者的发展提供更多的机会和选择。只有让每个劳动者都公平分享国家改革发展的成果，使发展成果更多、更公平地惠及全体人民，才能真正实现居民收入增长和经济发展同步，劳动报酬增长和劳动生产率提高同步，让劳动者实现体面劳动、全面发展，更加热爱劳动。

劳模精神与传统文化、民族精神、时代特征密不可分，只有不断深化对劳动内涵和劳动价值的认识与理解，提炼、升华人们在劳动活动和工作实践中形成的内在精神、优秀品质，人们改造主观世界和客观世界的活动才能更好地推进，历史主体所蕴含的力量才能更好地释放。进入新时代，大力弘扬劳模精神，有利于培养造就一支有理想、守信念、懂技术、会创新、敢担当、讲奉献的宏大产业工人队伍，推动中国速度向中国质量转变、中国制造向中国创造转变、制造大国向制造强国转变；有利于在全社会营造崇尚劳动的浓厚氛围和精益求精的敬业风气，让"劳动最光荣，奋斗最幸福"成为时代最强音；有利于引领广大劳动者勤奋做事、勤勉为人、勤劳致富，积极培育并践行社会主义核心价值观。在实现伟大梦想的征程中，只要充分发挥劳模精神的引领作用，充分调动广大劳动人民的积极性、主动性和创造性，持续提升广大劳动者的思想境界和能力素质，就一定能最大限度地聚合起人们饱满的奋斗热情、激发起人们昂扬的拼搏斗志，从而为实现中国梦凝聚起磅礴的中国力量。

本章思考

　　查询与你的专业对应的行业劳动模范，了解他们成长为劳模的经历与事迹，讨论他们所代表的劳模精神，思考并制订学习劳模精神的具体行动计划。

第四章 | 弘扬劳动精神

党的二十大代表蔡凤辉：用劳动书写精彩，用奋斗成就自我

2022年10月24日下午，北京环卫集团召开"喜庆二十大 奋进新征程"座谈会，党的二十大代表、全国劳动模范、北京环卫集团所属北京机扫公司职工蔡凤辉第一时间赶回单位，在座谈会上传达党的二十大精神。党的二十大报告中提到，在全社会弘扬劳动精神、奋斗精神、奉献精神、创造精神、勤俭节约精神，这些内容让蔡凤辉印象深刻、备受鼓舞，她在传达大会精神的过程中也是多次提到。

自2012年负责天安门地区的人工保洁工作起，10年来蔡凤辉和同事们参与了多次重大活动的清扫保洁任务。为了确保万无一失，他们常常是第一批进场，最后一批撤场。"报告中提到要弘扬劳动精神、奋斗精神、奉献精神，这些话真是让我倍感亲切、深感自豪、倍添动力！"说到这儿，蔡凤辉的语调激昂了起来，"我始终坚信，劳动没有贵贱之分，行行都能出状元，我们要秉承'宁愿一人脏，换来万家净'的时传祥精神，勇于奉献、精益求精，用劳动书写精彩、用奋斗成就自我、用创新实现突破！"

参与座谈会的，大多是来自北京环卫集团及下属各分、子公司的青年干部。大家一边听蔡凤辉宣讲大会精神，一边记下笔记，并不时提问："分组会的时候代表们都说了什么？""报告里有没有对环卫工作提出明确要求？""分组审议的时候您发言了吗，都说了什么？"面对大家的疑问，蔡凤辉一一作了解答。"分组会的时候，除了审议报告，代表们还就自己所在行业如何高质量发展提出了建议。除此之外，大家都不约而同地谈到了党的建设与改革发展的相关话题。"蔡凤辉说，代表们纷纷从理论、实践、制度等多方面谈认识、谈体会，认真履行作为党代表的职责。"我想，这不仅是一场全党和全国人民的盛会，更是一场高瞻远瞩、思想深邃、内容博大精深，具有里程碑意义的党课，让每一位代表都深受教育、深受洗礼！"

"至于对环卫工作的要求，生态文明建设需要我们出力，美丽中国建设需要我们付

出，弘扬劳动精神、奋斗精神、奉献精神更是为我们未来的工作指明了方向！"蔡凤辉说。

（资料来源：北京日报客户端，2022－10－25，有改动）

> **探索与思考**
>
> 1. 什么是劳动精神？
> 2. 从劳模蔡凤辉的事迹中你能感悟到哪些劳动的真谛？

劳动精神是劳动者为创造美好生活而在劳动过程中秉持的劳动态度、劳动理念及其展现出的劳动精神风貌。党的十八大以来，习近平总书记关于劳动和劳动精神的系列重要讲话是我们正确理解劳动精神的重要依据，也是大力弘扬劳动精神的重要参考。

第一节　劳动精神内涵

劳动所体现的人文精神，代表了时代的价值观、道德观和精神风貌，展现了中华民族的顽强拼搏精神、自强不息品格，体现了中华民族与时俱进、开拓创新的精神风貌。劳动精神折射出了时代的人文精神，反映出了劳动人民在某个时代的人生价值、思想道德取向，简洁而深刻地展示着一个时代人之精神的演进和发展，体现了一个民族的时代思想和志趣。

劳动精神是千千万万劳动者在生产实践中积淀而成的精神气质，具有普遍性、广泛性和基础性。2020 年 11 月 24 日，习近平总书记在全国劳动模范和先进工作者表彰大会上的讲话中第一次正式将劳动精神的主要内涵概括为"崇尚劳动、热爱劳动、辛勤劳动、诚实劳动"。这 4 个方面是劳动意识、劳动风貌、劳动态度、劳动习惯的集中展示，是紧密联系的逻辑整体。

一、崇尚劳动

崇尚劳动是人类文明的共同价值取向。习近平总书记指出："无论时代条件如何变化，我们始终都要崇尚劳动、尊重劳动者，始终重视发挥工人阶级和广大劳动群众的主力军作用。"崇尚劳动包含尊重、崇敬劳动和劳动者两个层面：一是强调对劳动的认识，主张树立正确的劳动价值观，充分认识"劳动最光荣、劳动最伟大、劳动最崇高、劳动最美丽"的道理；二是强调对劳动者群体的尊敬、对劳动成果的珍惜。从背着锄头下地干活到实验室里上千次重复实验，再到载人航天工程（图 4-1）取得巨大成就，劳动内容虽随着时代的变化而不断变化，但崇尚劳动的价值取向传承至今。劳动有分工，不同职业承担不同的社会职责，但劳动没有高低贵贱之分，根据不同的劳动分工，有的人以脑力劳动为主，有的人以体力劳动为主。在实际工作中，脑力劳动只有通过体力劳动，才能作用于劳动对象并得到实现，因此没有体力劳动，脑力劳动只是纸上谈兵。任何劳动成果都是劳动者脑力和体力付出的共同产物，其区别仅仅在于劳动过程中脑力和体力付出的占比不同。

图4-1 内蒙古博物院展出的航天器模型

习近平总书记说："在我们社会主义国家，一切劳动，无论是体力劳动还是脑力劳动，都值得尊重和鼓励；一切创造，无论是个人创造还是集体创造，也都值得尊重和鼓励。""全社会都要贯彻尊重劳动、尊重知识、尊重人才、尊重创造的重大方针，全社会都要以辛勤劳动为荣、以好逸恶劳为耻，任何时候任何人都不能看不起普通劳动者，都不能贪图不劳而获的生活。"

二、热爱劳动

《宪法》规定："劳动是一切有劳动能力的公民的光荣职责。"在我们社会主义国家，劳动者应当以国家主人翁的态度对待自己的劳动。无论从事什么形式的劳动，劳动者都应该怀着对劳动的真挚情感和正确认识，为社会贡献自己的力量，成为合格的公民。热爱劳动是劳动者在崇尚和追求劳动的基础上，对劳动行为的内在选择和情感表达，从崇尚劳动上升到了新的层次。热爱劳动是通过对劳动的情感认同，激发劳动者对劳动创造财富、创造幸福的深刻认识，进而转化为劳动热情，促进劳动者自觉劳动、积极劳动、主动劳动，并在劳动的同时感觉到快乐和幸福。

在生活中，有许许多多的劳动者因为热爱而坚持，因为坚持而卓越。例如，在堆积如山的快递面前，李庆恒快速背诵订单信息，12分钟内在电脑上完成19件快递的派送路线设计，用最少的时间、最短的路线，确保每一件快递准确送达；在钢花飞溅的车间，郑久强一招一式地学、一炉接一炉地盯，练就了能"测"出钢水温度的"火眼金睛"；为了掌握焊接技术，高凤林拿着筷子练、端着水杯练、举着铁块练，终于练就了为火箭焊接"心脏"的绝技……他们在各自领域达到的高度，无不源自对劳动的尊崇与热爱。因为热爱，才能全力以赴；因为热爱，才能不懈追求。

热爱劳动是中华民族的传统美德，也是个人高尚品德的重要体现。在现实社会中，一些青少年出现了不珍惜劳动成果、不想劳动、不会劳动等现象，须知幸福不会从天而降，梦想不会自动成真，实现个人奋斗目标，开创美好未来，必须通过劳动。只有热爱劳动，才能进一步焕发劳动热情，释放创造潜能，提高干事创业的能力。

三、辛勤劳动

辛勤劳动既有"辛苦"，又有"勤劳"，突出了劳动的过程及其强度。"辛苦"侧重苦干，无论从事什么职业，处于哪个岗位，都需要付出汗水与辛劳，强调劳动者要埋头苦干、坚持不懈、兢兢业业、直面困难，通过日积月累的点滴付出得到收获与成果。"勤劳"包含"勤学习"和"勤劳动"两个方面。勤学习是指一个人要树立终身学习的理念。在课堂上，学好理论知识和基本技能；在岗位上，结合实践进行业务学习，不断更新自我。勤劳动是指要脚踏实地、奋发干事，不怕累、不怕苦，勤动手、勤动脑、勤做事。倡导辛勤劳动就是鼓励劳动者辛劳、勤恳地从事生产劳动，为他人和社会及时有效地提供产品和服务。

《解人颐·勤懒歌》是古代对"四民"，即士、农、工、商进行劝勤戒懒的歌谣，意在告诉人们只要勤奋做事，天下就没有难做的事情。这里讲的"勤"，实际上是在鼓励人们辛勤劳动。人勤则家兴，民勤则国富。辛勤劳动是对劳动的实践认同，再瑰丽的梦想，如果没有苦干实干，也只会成为空想。改造自然、探索世界规律和推动社会进步的过程必须通过辛勤劳动去实现。实现中华民族伟大复兴的中国梦，也是每一个中国人的梦，要靠14亿多人的辛勤劳动。

四、诚实劳动

孟子曰："诚者，天之道也；思诚者，人之道也。"诚实劳动是对劳动的道德认同。诚实劳动侧重实干，强调在劳动时要全身心投入，不弄虚作假，认真踏实，保质保量完成劳动任务。诚实劳动集中表现在3个方面：劳动认知客观、劳动行为务实、劳动成果真实。①劳动认知客观就是指劳动者掌握和拥有的知识、技能、技巧都是客观正确的；②劳动行为务实是指在劳动过程中，面对出现的问题，能运用所学进行合理分析和把握；③劳动成果真实是指不夸大造假，对待劳动成果坚持实事求是，反对一切不劳而获和投机取巧的行为。在社会思想日益多元化的今天，要更加强调诚实劳动的重要性。

劳动是财富的源泉，也是幸福的源泉。人世间的美好梦想，只有通过诚实劳动才能实现；发展中的各种难题，只有通过诚实劳动才能破解；生命里的一切辉煌，只有通过诚实劳动才能铸就。诚实的劳动者从本心出发，尽心竭力做好本职工作，往往能赢得他人的尊重和爱戴。诚实的劳动者积极投身社会生产实践，不但创造了基于生存目的的物质价值，而且创造了基于奉献目的的精神价值，这些对于国家和社会来说，都是大有裨益的。

知识链接

我国古诗词中的劳动精神

我国古代诗词内容丰富，不仅有爱国思乡的情怀，有对美好爱情的歌颂，有对亲情友情的赞叹，还有那一曲曲劳动的赞歌，描绘了劳动的艰辛，讴歌了劳动之美，读来让人们感叹不已。

我国最早的诗歌产生于民间，有很多诗歌本身就是民间的劳动号子。我国最早的诗歌总集《诗经》中有很多关于劳动的诗，其中有一首著名的《伐檀》诗："坎坎伐檀兮，置之河之干兮，河水清且涟漪。"这是一首描绘魏国伐木工人劳作并表达不满的民歌，"坎坎"是象声词，指伐木声。这样的象声词在《诗经》中有很多，如另一首《伐木》诗里就有"伐木丁丁""伐木许许"的词句。这也从侧面说明那时的许多诗歌跟劳动号子密不可分。又如，《十亩之间》是一首关于采桑的歌，描写几个小伙子相约去看采桑姑娘的情景，体现了青年人劳动的乐趣；《椒聊》是描写一群采花椒的妇女一边劳动一边歌唱，充满对未来生活的向往；《芣苢》则是描写女子采摘车前子草的乐歌。

"断竹，续竹；飞土，逐宍。"这是被保存在《吴越春秋·勾践阴谋外传》中的一首原始劳动歌谣，题目叫《弹歌》。这首歌谣仅8个字，是中国古代现存最短的诗歌。这首歌谣反映了我国远古渔猎时代人民的劳动生活，描写了他们砍竹、接竹、制作弹弓，并发射弹丸捕猎禽兽的过程。语言淳朴、自然，概括力极强，以非常简短的诗句真实地描绘了一幅原始先民狩猎图。诗句中流露出原始先民对自己学会制造狩猎工具的自豪和喜悦，也表现了狩猎的紧张、活泼和愉快，以及原始先民对获得更多猎物的渴望。

劳动是艰辛的，劳动人民的日子是悲惨的，这一点在我国古诗中也被反映了出来。唐代诗人李绅则把劳动者的勤苦写到了极致，他的《悯农》诗家喻户晓，妇孺皆知："锄禾日当午，汗滴禾下土。谁知盘中餐，粒粒皆辛苦。"全诗生动刻画了在烈日当空的正午，农民依然在田里劳作，一滴滴汗水洒在灼热土地上的情景。明代冯梦龙有诗云："富贵本无根，尽从勤里得。"告诉人们所有的富贵荣华，无不是艰苦的劳动创造出来的。除此之外，无论是刘禹锡的"美人首饰侯王印，尽是沙中浪底来"，还是郑遨的"一粒红稻饭，几滴牛颔血"，都写出了劳动者的不易。白居易《卖炭翁》中的诗句也比较有名："卖炭翁，伐薪烧炭南山中。满面尘灰烟火色，两鬓苍苍十指黑。卖炭得钱何所营？身上衣裳口中食。"每当吟咏这首诗时，眼前就浮现出一位瘦弱黢黑的老人在山中伐薪烧炭、沿街卖炭的情景。从"春种一粒粟，秋收万颗子。四海无闲田，农夫犹饿死"的诗句中可以看出，古时候的劳动人民即使常年辛苦劳作，也依然吃不饱、穿不暖。这是因为劳动者的地位是卑贱的，他们无能为力，只能像"昨日入城市，归来泪满巾"所描述的养蚕妇一样，发出"遍身罗绮者，不是养蚕人"的悲戚和叹息。

劳动虽然艰辛，但在这种艰辛中却也有无尽的快乐。宋代范成大在《四时田园杂兴》诗中描述了农民通宵打稻的情景："笑歌声里轻雷动，一夜连枷响到明。"写出了农民收获的欢乐和劳动的愉快。他在自己的另一首同题诗里写道："昼出耘田夜绩麻，村庄儿女各当家。童孙未解供耕织，也傍桑阴学种瓜。"又把那种男耘田、女织麻、孩童也学种瓜等几幅饶有意趣的农家生产小景描绘得淋漓尽致。

宋代诗人王禹偁的诗《畬田词五首·其一》："大家齐力劚孱颜，耳听田歌手莫闲。各愿种成千百索，豆萁禾穗满青山。"描述了劳动者在欢快的歌声中辛勤劳作，等到秋天收获的时候，就能看到劳动的成果。这首诗清新爽朗、畅达和谐，诗人不是以旁观者而是以贴切畬田劳动者的口吻创作的，劳动者也乐意歌唱它。"畬田鼓笛乐熙熙，空有歌声未有词。从此商於为故事，满山皆唱舍人诗。"（王禹偁《畬田词五首·其五》）成为劳动者的督课勉励之词。这样的写法与以旁观者身份所作的诗词不同，内容更真切。而王禹偁的"北山种了种南山，相助刀耕岂有偏？愿得人间皆似我，也应四海少荒田"诗句，更是对劳动的赞美，也描述了劳动者对社会和生活的期盼。这首诗有浓郁的民歌风味，是在吸收民歌营养的基础上创作的。农夫们耕作时，常常边干边吟唱这些诗句，可以鼓士气、除疲劳。

另外，在古人描述劳动的诗词中，还有很多表现了清新幽静的田园生活，读来让人向往。譬如，陶渊明的田园诗充满诗情画意《归园田居·其三》："种豆南山下，草盛豆苗稀。晨兴理荒秽，带月荷锄归。"诗人一大早就下了地，到了晚上才披着月光回来，俨然一幅静谧的月夜归耕图。陶渊明的田园诗不仅写自己躬耕，而且对劳动的意义提出了新的见解。他的《庚戌岁九月中于西田获早稻》一诗中说："人生归有道，衣食固其端。孰是都不营，而以求自安？"也就是说，人人都要自食其力、艰苦奋斗，如果什么事都不做，又怎么能解决自己的温饱问题呢？

唐代王维的《春中田园作》云："屋上春鸠鸣，村边杏花白。持斧伐远扬，荷锄觇泉脉。"描绘了鸠歌燕舞，杏花纷扬，农人忙着整桑治水。寥寥数笔就将一幅春意盎然的田园风情画展现在人们眼前。生命因劳动充满希望，希望中也充满着欢乐。宋人翁卷有诗："绿遍山原白满川，子规声里雨如烟。乡村四月闲人少，才了蚕桑又插田。"描述了在烟雨蒙蒙的初夏，人们采桑喂蚕、水田插秧，恰如一幅色彩鲜明的田园画，而劳动的繁忙和紧张也在这里彰显出来。这首诗先写景后写人，写出了乡村四月劳动者的繁忙。

劳动是美好的，是人们生活的必需。在古诗词里聆听劳动的赞歌，感受劳动人民热爱劳动的生活态度，感受劳动者积极创造物质财富的乐观精神，感受劳动的魅力与光荣，是一种无比的幸福。

（资料来源：作者根据相关资料整理编写）

第二节　大力弘扬劳动精神

幸福都是奋斗出来的，新时代是奋斗者的时代。实现人类共同的奋斗目标，离不开全体劳动者的辛勤劳动、诚实劳动和创造性劳动。讴歌劳动、鼓励创新，是中华民族生生不息、不断进步的历史基因。

回望过去可以发现，中国近现代史是一部中国人民用劳动创造改变命运的伟大传奇。嫦娥探测器成功发射，航母出海试航，国产大型水陆两栖飞机首飞，北斗导航向全球组网迈出坚实一步……70多年来，在党的领导下，我国劳动群众自力更生、艰苦奋斗，创造了一个又一个人间奇迹。

劳动是成功的必由之路，是创造价值的唯一源泉。今天的人们习惯了动动手指外卖送到家，语音指令机器人擦地，那么劳动离我们远了吗？不是的。产业结构变化、社会分工细化，不会改变劳动是创造价值的唯一源泉这一事实。正如习近平总书记指出的，"人世间的美好梦想，只有通过诚实劳动才能实现"。

一代人有一代人的使命。不同时代的劳动内涵也在不断更新，但劳动光荣、技能宝贵、创造伟大的劳动追求始终是不变的。习近平总书记明确指出："实现中华民族伟大复兴的中国梦，根本上要靠包括工人阶级在内的全体人民的劳动、创造、奉献。"让劳动之花在新时代最美绽放，就必须实现好、维护好、发展好广大普通劳动者根本利益；让广大劳动者岗位建功，才尽其用、各居其位、各得其所，开辟广阔天地；让劳动热情充分迸发，创造智慧充分涌流。

我们要大力弘扬劳动精神，擦亮爱岗敬业、劳动光荣的价值原色，树立品质取胜、创新引领的市场风尚，让尊重劳动、尊重知识、尊重人才、尊重创造成为社会共识，加快建设制造强国，推动经济高质量发展，不断满足人民日益增长的美好生活需要。

习近平总书记在全国教育大会上的讲话，对在学生中弘扬劳动精神作了深刻阐述。其主要内容有3个层次：一是积极引导，努力让学生崇尚劳动、尊重劳动，对劳动有端正的态度；二是持续教育，让学生懂得劳动最光荣、劳动最崇高、劳动最伟大、劳动最美丽的道理，对劳动有正确的认识；三是大力提倡，让学生长大后能辛勤劳动、诚实劳动、创造性劳动，为党、国家和人民做出更大的贡献，对劳动有具体的行动。

🔍 探究思考

习近平给中国劳动关系学院劳模本科班学员的回信

中国劳动关系学院劳模本科班的同志们：

你们好！"五一"国际劳动节前夕，收到你们的来信，我感到十分高兴。你们为党和国家事业发展作出了突出贡献，被评为劳动模范，如今又在读书深造，这是对大家辛勤劳动、无私奉献的褒奖，也是党和国家对劳动者的关怀。

社会主义是干出来的，新时代也是干出来的。希望你们珍惜荣誉、努力学习，在各自岗位上继续拼搏、再创佳绩，用你们的干劲、闯劲、钻劲鼓舞更多的人，激励广大劳动群众争做新时代的奋斗者。

我一直强调，劳动最光荣、劳动最崇高、劳动最伟大、劳动最美丽。全社会都应该尊敬劳动模范、弘扬劳模精神，让诚实劳动、勤勉工作蔚然成风。

值此"五一"国际劳动节之际，我向你们、向全国所有劳动模范、向全国广大劳动者，致以节日的问候。

习近平

2018 年 4 月 30 日

[资料来源：习近平给中国劳动关系学院劳模本科班学员的回信[N].人民日报，2018－05－01（1）]

深入思考

1. 为什么劳动最光荣、劳动最崇高、劳动最伟大、劳动最美丽？

2. 习近平总书记为什么会给劳模本科班学员回信呢？

劳动是促进社会发展的动力，是人成长所需的课堂。我国古人既有"一屋不扫，何以扫天下"之问，也有"一室之不治，何以天下家国为"之训。中华民族有热爱劳动、尊崇劳动、勤奋劳动之优良传统。毫不夸张地说，正是在一代代劳动者的共同努力下，才创造了中华民族辉煌的历史，书写了伟大祖国灿烂的篇章。

随着社会的发展和时代的变化，劳动的地位和作用出现被忽视、淡忘，甚至被轻视、蔑视的倾向。特别是在青少年成长的过程中，分数成了教育的指挥棒，学习成了学生行为的唯一。不少学生饭来张口、衣来伸手，肩不能担、手不能提，而且反感劳动、厌恶劳动。在这样的大背景下，习近平总书记从党和国家事业发展的高度，突出强调弘扬劳动精神，显然具有十分重大的现实意义。尤其是将劳动作为人才培养的重要内容之一，列入人的全面发展的要素具有深远的意义，直接关系到我国教育培养什么人的百年大计。

第三节　大学生如何弘扬劳动精神

教育与生产劳动相结合是马克思主义教育思想的重要组成部分。高等教育培养的是适应生产、建设、管理、服务第一线需要的高素质技术技能人才，尤其需要吃苦耐劳、艰苦奋斗精神。但是在社会价值观多元化的今天，一些大学生好逸恶劳、拈轻怕重，劳动意识、劳动态度、劳动精神等方面出现了一定的问题，亟须补上劳动教育这一课。弘扬劳动精神不仅是高等院校实现人才培养目标的重要途径和内容，也是高校学生健康成长的内在需求和积极适应社会需求的必要准备。

探究思考

青少年劳动价值观异化堪忧——嫌贫爱富等不良心态普遍

当前，一些青少年劳动价值观缺失和异化。如何教育引导学生崇尚劳动、尊重劳动，长大后能够辛勤劳动、诚实劳动、创造性劳动，成为亟待解决的问题。

现象一：好逸恶劳、嫌贫爱富，不尊重劳动和普通劳动者。受社会不良风气及家庭教育不当的影响，一些孩子从小形成了"劳动分贵贱"的错误价值观。"爸爸妈妈教育我，如果不好好学习，以后就要去扫大街，当清洁工、进工厂、回家种田"……在他们幼小的心灵里，劳动已然分了贵贱。北京的一名小学生，妈妈是学校的清洁工，他觉得丢脸，在学校里跟妈妈装作不认识。以前的孩子谈到理想，大多数是说当科学家、教师、医生等，现在的孩子不少是说想当老板、明星，像巴菲特一样的股神等，因为"又光鲜、又亮丽、又多金""谁都渴望有一份不脏不累还挣钱多的职业"。一名中学生告诉记者。

现象二："小皇帝""小公主"层出不穷，"老儿童""巨婴"越来越常见。当前青少年的教育环境和成长氛围呈现"三独"特点，即不少家长是独生子女、教师是独生子女、孩子也是独生子女，家庭和学校很容易缺失劳动教育。"小皇帝""小公主"，甚至"老儿童"现象常见。天津一名女大学生，上大学时带妈妈过来陪读。妈妈白天在外面打工，早中晚过来送饭、洗衣服，还承包了宿舍卫生。

现象三：不劳而获、坐享其成苗头浮现。当前，大中小学生超前消费的苗头已经显现，使用奢侈品、高档化妆品的新闻频现报端，大学校园贷、裸贷案例层出不穷，不少人希望不劳而获。有的大学生靠搞网络直播获取"打赏"，还有的不顾学习，痴迷于炒期货、黄金和互联网金融P2P，追求"一夜暴富""嫁个富二代，少奋斗10年"。

现象四：不思进取，青年"啃老"现象日益凸显。毕业后，如果找不到"不苦不累，冬暖夏凉，坐办公室"的工作，一些青年宁可回家"啃老"，每天在家上网打游戏，拿着父母的钱吃喝挥霍。

现象五：宁送外卖不进工厂，职业教育没有吸引力。当前，由于传统观念、社会地位等原因，高职院校招生困难，青年选择职业就业观扭曲，宁送外卖不进工厂，造成工匠流失严重，制造业转型升级遇阻。

[资料来源：青少年劳动价值异化堪忧——嫌贫爱富等不良心态普遍[J].半月谈（内部版），2019（6）]

深入思考

1. 你身边同学有以上的现象吗？

2. 你觉得应该怎样纠正这些现象或行为呢？

马克思主义劳动观反复强调，劳动创造世界、劳动创造历史、劳动创造了人本身，劳动是人类的本质特征和存在方式，是实现人全面发展的重要途径。苏联著名教育实践家和教育理论家苏霍姆林斯基说："我们是紧密联系德育、智育、美育来看待劳动教育的。"弘扬劳动精神不仅可以培养高校学生热爱劳动、尊重劳动人民的品质，还可以培养学生乐观向上、克服困难的品性和自尊心、自信心及自豪感，还可以培养高校学生集体主义精神，弘扬艰苦奋斗的优良传统，树立正确的世界观、人生观、价值观。

一、弘扬劳动精神存在的难题

高等院校是培养高素质劳动者的重要场所。高等教育的培养模式必须以能力为中心，按照社会实际需求设置专业，针对不同专业不断完善学生的技能培训，强调知识的针对性和实用性，强调学生的专业实践能力。完成高校学生专业技能的培养则必须首先端正其劳动观念，加强动手能力和操作能力的养成。劳动规模越大，劳动对象越多样，劳动过程越复杂，对劳动者的素质和能力要求就越高、越全面，从而能够造就出全面、自由、充分发展的人。但是，目前高校在弘扬劳动精神方面存在以下几类难题。

（一）劳动观念淡薄

劳动观念是指人们对劳动的根本看法和态度，主要包括对劳动目的、劳动价值、劳动意义和劳动态度的认识。目前，部分高校学生劳动观念淡薄、自理能力差，进而滋生懒惰思想，轻视劳动，高校教室和寝室卫生脏、乱、差的现象严重，学生的个人卫生、寝室居住环境都堪忧。

（二）课程安排不合理

部分高校没有设置专门的劳动课程，课程安排偏向进行职业技能培训的专业课，人为割裂了职业定位与劳动习惯的养成、劳动技能的完善及劳动时间之间的关系。即使在有劳动课的学校中，也常常可以看到劳动技能课形同虚设，被专业课随意挤占、更改，时上时不上，甚至根本不上的现象。同时，高校劳动教育的评价、考核机制也不健全，缺乏对学生以个体为主的具体劳动行为及集体劳动活动的必要规定和考核。

（三）缺乏劳动实践

一些高校的劳动教育不仅在课程安排上缺乏时间保障，而且在内容设置上仍侧重理论说教，以课堂讲授为主，教育方式方法较单一，很少组织学生参加劳动实践。对现有的实践环节没有足够的重视和周密的组织安排，使得社会实践流于形式，对学生思想道德的提高帮助不是很大。社会劳动实践的不足、社会阅历的欠缺，都使学生无法清晰地认识到自己的职业角色和社会定位。

二、让弘扬劳动精神成为内在需要

高校学生大多处于18—22岁的成长阶段，这一阶段正是世界观、人生观、价值观形成的重要时期。弘扬劳动精神有助于高校学生自我管理、自我约束能力的提高。新时代的劳动观不能只把体力劳动、简单劳动看成劳动，而是要把脑力劳动与体力劳动、群体劳动和个体劳动、有偿劳动和公益劳动等都看成劳动。在劳动过程中，既提高学生的实践能力，又发掘学生潜力，发展学生的个性，培养学生的创造能力，这些对学生的成长成才都是很有必要的。未来社会更是一个创新型社会，需要每个人都具有创新意识、创新思维、创新能力和创新人格，而这些优秀品质的培养无一能离开劳动实现。因此，对高校学生加强劳动教育，让其习惯劳动、懂得劳动、热爱劳动，对高校学生来说将终身受益，也是他们健康成长的内在需要。

针对这些问题，当代大学生弘扬劳动精神的实现途径主要在于自觉弘扬新时代的劳动观，积极参加劳动实践。新时代以来，我国关于劳动的重要论述，是在继承和发展马克思主义劳动思想的基础上，基于时代的历史维度与实践的发展向度提出的，回应了新时代中国特色社会主义发展面临的新使命和新课题，形成了"实干兴邦"的劳动实践观、"民族复兴"的劳动发展观、"崇尚劳动"的劳动价值观、"热爱劳动"的劳动教育观，构筑起以劳动支撑起中国特色社会主义伟大事业的实践路径。在劳动认知上，要使高校学生充分认识到劳动的重要性和劳动范畴的复杂性、广泛性，尊重各种各样的劳动和劳动者；在劳动知识与技能上，要使高校学生掌握系统全面的劳动科学、劳动技能，要把劳动科学当作一门必修课程学习、掌握。

劳动观教育的最终目的在于劳动行为养成，实践是让理论落地的关键，要通过体验劳动的艰辛、劳动的获得感，认识劳动的意义和价值。积极参加自我服务劳动、班级与校务劳动、家庭劳动、公益劳动等多种形式的劳动教育，体会劳动的无穷乐趣。各高校要通过各种形式的劳动教育，让"劳动最光荣、劳动最崇高、劳动最伟大、劳动最美丽"的观念内化于心、外化于行，让学生积极融入校园生活，自觉做到德智体美劳全面发展。

💡 | 本章思考

做一张劳动精神量表，和身边的同学比一比，谁在日常学习生活中劳动精神的得分最高，并通过对比找出差距，提出改进不足的实际举措。

第五章 践行工匠精神

大国工匠郑春辉：纤毫毕现传续经典

木雕是我国一门古老的传统手工技艺。郑春辉从16岁开始学习木雕工艺，至今已经几十年了。2009年，郑春辉偶然发现了一棵巨大的香樟木，从看到它的那一刻开始，在郑春辉脑海里闪现的，就是要用它创作传世经典《清明上河图》。宋代版《清明上河图》长528厘米、高23.8厘米。为了巨木可以充分利用，郑春辉把原画的长度放大1倍，高度放大了6倍。

在采用了镂空雕、透雕、浮雕和莆田精微透雕等雕刻技法后，山川、城墙、街巷、桥梁、房屋和店铺一一浮现。2 275个人物，每个虽大约1寸高，却至少需要雕刻100多刀。郑春辉把最后的创作留在了纤绳上，这根长66厘米的纤绳，直径仅有4毫米，稍有不慎就会开裂，甚至折断。他在这块区域雕去的木料重达1吨。郑春辉整整耗费了4年时间，《清明上河图》木雕作品才大功告成（图5-1）。

图5-1 《清明上河图》木雕（正面）

这块巨木的两面：一面雕刻着收藏在北京故宫博物院的宋代版《清明上河图》，另一面雕刻着收藏在台北故宫博物院的清代版《清明上河图》。

30年来，郑春辉凭着手中的一把刻刀传承着先人的经典之作，也刻画着祖国的大好河山，为这个时代留下一件件传世之作。

（资料来源：央视网，2020-05-04，有改动）

探究与思考

1. 中国古代还有哪些精湛的技艺如今仍在传承？

2. 从郑春辉的工匠精神事迹中你受到哪些启发？

加快建设制造强国、加快发展先进制造业，关键在于提高创新能力，而工匠精神是助推创新的重要动力。工匠精神不是因循守旧、拘泥一格的"匠气"，而是在坚守中追求突破、实现创新的"锐气"。把工匠精神融入生产制造的每一个环节，敬畏职业、追求完美，才有可能实现突破创新。我们要通过弘扬工匠精神，培养劳动者追求完美、勇于创新的精神，为实施创新驱动发展战略、推动产业转型升级奠定坚实基础，从而加快建设制造强国的步伐，推动经济高质量发展。

第一节 工匠精神内涵

工匠精神主要体现在4个方面：一是执着专注，即献身技术工作，忠诚工作、诚实守信的职业态度和心无旁骛、笃定坚韧、耐得寂寞的精神特质；二是精益求精，即注重细节、精雕细琢、追求极致的价值追求；三是一丝不苟，即脚踏实地、务实严谨的专业精神；四是追求卓越，即革故鼎新、与时俱进、百折不挠的创新意识和享受工作、勇挑重担、心怀使命的人文胸怀。

大国工匠是我国高技能人才队伍的杰出代表，是产业工人的先进分子，是技术工人的学习楷模。大国工匠的精神特质可以概括为坚持、专一、崇实、创新、担当。与普通工匠相比，大国工匠的荣誉感更浓烈、家国情怀更深沉、集体主义精神更强烈。大国工匠的成长具有以下普遍规律：①长期阶段性积累是其成长的必要充分条件；②企业发展是其成长的有利条件；③企业主体是其成长的载体；④区域集群是其成长的重要方面；⑤高技能领军人才是其成长的动力；⑥政策制度是其成长的关键。

从本质上讲，工匠精神是一种基于技能导向的职业精神，它源于劳动者对劳动对象品质的极致追求，具有爱岗敬业、专注执着、精益求精、严谨慎独、创新创造、情感浸透及自我融入等基本内涵，既表现了对极致之美的品质追求，又体现了对敬业之美的精神追求，还展现了对创造之美的价值追求。工匠精神涉及工作态度、职业操守、价值追求、人生态度等多个方面，其基本内涵可以大致总结为对职业的敬畏、对工作的专注、对产品的执着、对服务的精益求精、对人生的止于至善，其核心是一种"精神"、一种信念或者一种情怀。把工匠精神聚焦于工匠个体，工匠精神可以被解读为执着专注、精益求精、心无旁骛的工作态度和安分守己、尽善尽美、以诚相待的职业操守；把工匠精神定位于工匠群体，工匠精神可以被解读为精益求精、崇尚创新、追求完美的价值追求和百折不挠、坚忍不拔、生生不息的人生态度。

新时代工匠精神，除了具有一般意义上的内涵外，还具有自身的特殊性：既有对中国传统工匠精神的继承和发扬，又有对外国工匠精神的学习借鉴；既是为适应我国现代化强国建设需要而产生的，又是劳动精神在新时代一种新的实现形式。

匠人的成功之路是追求职业技能的完美和极致，是把一件事情、一门手艺当作终生事业，他们沉浸甚至享受单调、机械、重复的工作，专注和传承传统技艺的精华。然而，工匠的成功之路并不是墨守成规的，而是蕴含着一种在传统技艺的基础上融入与众不同的想法，永不满足、不断超越的创新精神，体现的是传统与现代的兼容并蓄、传承与创新的融合并存。中国传统工匠的形象在人们的印象里根深蒂固，有些人认为随着生产机械化、自动化及人工智能的发展，传统手工业将逐渐被取代，大多数传统工匠的技艺已经过时。这种观念是对工匠及工匠精神群体的错误理解。一方面，将"工匠"的概念固化为传统工匠和手工艺人，这是对工匠作为社会分工的窄化。随着时代的变迁，工匠涵盖的职业范围必然与时俱进，如今的工匠已经涵盖各行业中从事技术类工作的职业人群，有技术之处就有工匠的身影。另一方面，将被取代和已经过时的观念忽视了工匠精神作为一种精神资源的文化价值内核。毋庸置疑，工匠精神源于工匠这一群体，但若因此就将工匠精神仅仅局限于工匠群体则无疑是片面的，也是不可取的。以"铁人精神"为例，人们不会将"铁人精神"仅仅局限于"铁人"王进喜或大庆油田的石油工人这个小集体，而是以"铁人精神"代表中国石油工人为国分忧、艰苦奋斗、埋头苦干的整体精神风貌。所以，从精神文化的角度界定工匠精神，应当将工匠精神的群体构成放眼于更加广阔的视域。工匠精神已经作为一种现代社会分工中所有人的价值取向与行为追求，成为新的时代要求。可以说，工匠精神是以工匠的精神为基本内涵，体现于各行各业，甚至是所有劳动形式中的价值观。这一价值观包含了对职业和劳动的认同与热爱，对工作专注、执着的态度，对劳动成果的精益求精，及对极致品质的追求。正确理解工匠精神的群体构成关乎工匠精神的适用和发展。

科技时代，"工匠"似乎离我们而去，但是实现中华民族伟大复兴的中国梦，不仅需要大批科学技术专家，同时也需要千千万万的能工巧匠。更为重要的是，"工匠精神"作为一种优秀的职业道德文化，它的传承和发展契合了时代发展的需要，具有重要的时代价值与广泛的社会意义。

知识链接

上海工匠馆

上海市总工会以庆祝新中国成立70周年为契机，用近1年时间筹建了"上海工匠馆"（图5-2），打造展示工会形象的新阵地、弘扬工匠精神的新高地、引领青年成才的新灯塔。

图5-2 上海工匠馆"时代奋斗者"展墙

约1 750平方米的上海工匠馆，讲述了海派工匠的发展历史，展现了百余年来海派工匠的智慧与精湛技艺。馆内开设工匠学堂，邀请了上海工匠走进展馆现场展示技艺、传授技能、弘扬精神，让观展者在兼具可看性、实操性和仪式感的临展区中，亲身体验到"明日工匠"的快乐和自豪，让更多青年职工在这里接受匠心传承的"第一课"。

按照"以物见技、以技见人、以人见精神"的展示原则，上海工匠馆以"时代、人物、技艺、成果"为展示要素，以实物、模型、多媒体、互动等展示方式，展示了纺织机、工具磨床、玉兔二号、北横通道盾构、981钻井平台、万吨水压机等150余件实物或模型，讲述了包起帆、李斌、徐小平、王军、胡双钱、王曙群等100余位上海工匠的故事。馆内还采用了较多互联网信息技术及互动装置等，如"上海工匠铸就城市荣光"查询屏、"魔镜墙"趣味问答、5G体验等10余项。

上海工匠馆的建设还引入了众筹办馆理念，上海各级工会积极响应，献计献策、收集展品、捐献实物、定制模型。不少上海工匠都积极投身工匠馆的建设中。已故上海市总工会兼职副主席、上海电气液压气动公司液压泵厂数控工段长、上海工匠李斌，生前把亲手做的"指环王"零件交给工匠馆筹建组；上海浦宇铜艺装饰制品公司技术总监、设计总监、上海工匠李西岳不仅捐献了重铸沧州铁狮，还亲自设计、制作了工匠馆的牌匾和铜章墙等。

（资料来源：中工网，2019－10－14，有改动）

学习工匠精神，不仅是一句口号，更要落在具体行动上。对个人而言，工匠精神就是一种认真精神、敬业精神，核心在于不仅把工作当作赚钱养家的工具，还要树立起对职业敬畏、对工作执着、对产品负责的态度，极度注重细节，不断追求完美和极致，给客户无可挑剔的体验，将一丝不苟、精益求精的工匠精神融入每一个环节，做出打动人心的一流产品。只有拥有忠诚的职业态度、精益求精的专业精神、乐于工作的人文素养，新时代的技术产业工人才能真正在工作岗位中实现自我价值，才能为社会发展贡献自己的力量。

创新是引领发展的第一动力，是建设现代化经济体系的战略支撑。在当代科技高速发展的时代背景下，知识体系不断更迭，任何个体、集体的观念都须与时俱进，否则就如逆水行舟，不进则退。党的十八大以来，我国大力实施创新驱动发展战略，创新型国家建设成果丰硕，天宫、蛟龙、天眼、悟空、墨子、大飞机、北斗等重大科技成果相继问世。这些大国重器和科技成果是无数中国工匠数十年如一日地默默积累、沉淀、奉献的厚积薄发，是无数中国工匠创造力的时代结晶。

高层次创新的实现必须有工匠精神的引领。具有工匠精神的个人对能感知到的工作领域内的瑕疵和缺陷，总希望加以改进，以至另辟蹊径、力求完美。这种尝试和革新的成功经验又会产生积极的、正向的情感反馈和体验，从而进一步推动类似行为的发生，最终形成良性循环。可见，工匠精神是更基本、更深沉、更持久的工作动力，不仅有助于激发工匠的创造力，而且当时代机遇来临时，有助于工匠抓住机遇、展示才华、施展创意。因此从某种意义上说，工匠精神是创新的重要基础。

第二节　工匠精神历史

在我国，工匠精神历史悠久，从原始社会到现代社会、从孕育产生到发展传承，经历了漫长的演变过程。一方面，这个过程展现了不同时期我国工匠精神的不同特点和要求；另一方面，这个过程也缔造了举世瞩目的世界文明华章。

从古至今，中华大地上不乏技艺超群、巧夺天工的卓越工匠。从舜帝时期开始，工匠的事迹就大量出现在我国历代史书中。在农耕社会，能工巧匠骈兴错出，传世佳作不胜枚举。新中国成立后，大庆精神、"两弹一星"精神、载人航天精神、北斗精神等更是中国工匠的精神华彩。华夏文明对精益求精的追求与推崇从未停歇，一代代工匠产出的文明硕果灿若星河。例如，在中国古代的冶金业中，铸剑被专列为一门工种，历史上的铸剑巨匠不胜枚举，绝世之作更是名扬天下。又如，中国织绣工艺文化底蕴深厚，丝织、麻织、毛织、棉织、印染、纬丝、刺绣等工艺均以历史悠久、制作精美饮誉于世。马王堆汉墓出土的能被塞进火柴盒的素纱襌衣和各种杂用织物都是中国古代织绣工艺的杰出代表，中国的四大名绣（湘绣、蜀绣、粤绣和苏绣）更是将中国传统手工艺发扬光大，传承至今。这些熠熠生辉的瑰宝，既是中国一代代工匠的匠心凝萃，又是他们生命的延展。中国工匠用自己的作品说话，在短暂的人生中铸就经典，在历史的长河中永远流传。

一、古代工匠精神

（一）孕育阶段

自原始社会末期起，人类社会经历了三次重大的社会变革。在第二次社会大分工之后，手工业日益发达起来，一个专门从事手工劳动的生产者群体逐渐形成，也就是我们所说的手工艺人或工匠。虽然手工业从石器、骨器、木器等工具的简单制作到制陶、纺织、冶金等复杂工艺增多，第二次社会大分工促进了生产规模的扩大和劳动生产率的提高，但是由于当时生产力落后，人们制造生产工具和生活用具大多数仍以天然原料进行加工。根据考古学家的考证，在距今约 7 000 年的河姆渡文化时期，就有工匠制作刻有花纹的骨笄，并佩以磨得光洁晶莹的珠、玦、管等装饰品来固定头发，用虎、熊、野猪等野生动物的牙齿当作佩饰。这些文物都体现出我国古代工匠朴素的工匠精神雏形。《国风·卫风·淇奥》以"如切如磋，如琢如磨"记录了工匠们在对骨器、象牙、玉石进行切料、糙锉、细刻、磨光时表现出的认真制作、一丝不苟的精神。这种精神不仅是我国古代工匠的价值追求，也是当时工匠精神的具体表现。

（二）产生阶段

工匠精神是一种"道德的精神"。在我国古代，"以德为先"不仅是工匠们必须遵循的行业准则，也是工匠精神得以产生的价值基础。春秋战国时期，以儒家思想为核心的政治伦理文化开始受到人们的广泛关注，"德为先，重教化"的圣人文化逐渐成为中华民族传统文化的重要内涵。随着生产力的发展和技术的进步，社会分工更加细化，一些特定的职业不但要求从业者具备特定的知识和技能，还要求他们具备特定的道德观念和品质。工匠作为一类职业团体，为了维护职业威望和信誉及适应社会的需要，在职业实践中根据一般社会道德的基本要求逐渐形成了自己的职业道德规范。《左传·文公七年》记载，"九功之德皆可歌也，谓之九歌。六府、三事，谓之九功。水、火、金、木、土、谷，谓之六府。正德、利用、厚生，谓之三事。义而行之，谓之德、礼"。随着人们对于生产与生活的要求逐步提高，中国古代工匠道德特征的精神走向也凸显出来。端正德行、利于使用、富裕民生成为我国古代工匠的职业道德规范和古代民众歌颂的品质。其中，"正德"居于首位，就是要求工匠必须为人正直，端正德行。"崇德尚礼"因此成为我国古代工匠精神的伦理走向。

所谓"德艺兼修"，就是指工匠不仅要有道德精神作为内在熏陶，还要具备精益求精的技术精神。一般有德之人，大多数不会让人失望，但对于工匠来说，德行还需要技能的辅助。若"有德无才"，梦想极有可能变为空想；若"德才兼备"，梦想就会代代积累传承，不会成为空谈。追求精湛的技艺，是我国传统工匠们穷其一生的追求。我们耳熟能详的《庖丁解牛》将一个怀揣绝技的工匠形象塑造得淋漓尽致，而从故事中提炼出的多个成语（如游刃有余、目无全牛、踌躇满志、善刀而藏等）又生动地展现出工匠"心—神—身"联动的精湛技艺。自春秋战国时期起，属于我国的工匠精神"德艺兼修"基本形成。

（三）发展阶段

我国古代工匠的技艺传承不仅包括技术学习，还包括内在的艺术熏陶和无形的心灵契合。进入封建帝制时期，随着经济发展水平的进一步提高和社会需求的迅速发展，以血缘关系为标志的家族式传承逐渐走出家庭范围，种类繁多、形式多样的职业教育逐渐成为我国古代工匠之间主要的承接体系和传承方式。"心传身授"的教育模式逐渐成为培养工匠的主要途径：一方面，这得益于手工技艺的不断成熟；另一方面，在于传授者与受教者之间心灵的默契与领悟。

"一切手工技艺，皆由口传心授"，不仅促进了工匠们技艺经验的积淀，而且有利于形成具有个性化风格的手工技艺。各行各业因此树立了各自的祖师爷，而这些祖师爷的形象也成了当时工匠精神传承的代表。《周礼·考工记》中有言："知者创物，巧者述之守之，世谓之工。百工之事，皆圣人之作也。"我国民间又有"三百六十行，无祖不立"的说法。我国古代工匠的主要传艺方式从家族代代相传逐渐演变为通过拜师学艺"传道、授业、解惑"，师徒们在一起生活、学习、讨论、钻研技术，不仅培养了大批手工艺人和工匠技师，也养成了他们"尊师重道，谦虚好学"的美德，尤其有"一日为师，终身为父"的说法。在漫长的工匠技艺传承中，中国工匠们始终奉行着祭拜祖师爷的传统，他们极力维护着祖师爷的形象。

📖 知识链接

中国部分传统行业追认的祖师

时代	行业或职业	祖师爷	人物介绍
原始社会	缝纫业	轩辕氏（黄帝）	姬姓，号轩辕氏、有穷氏，后世尊其为中华文明的人文初祖之一。因黄帝曾教民众用骨针穿麻线缝树叶和兽皮做衣，被尊奉为缝纫业祖师
	丝绸业	嫘祖	西陵氏的女儿，后来嫁给了轩辕黄帝，发明了养蚕缫丝的方法，被奉为"先蚕"，也就是蚕神

时代	行业或职业	祖师爷	人物介绍
奴隶社会	酿酒业	仪狄	传说为黄酒酿制创始人
		杜康	即少康，夏代的第五任君主，传说为秫酒酿制创始人
	铸造业	李耳	春秋时期哲学家，道家学派创始人和主要代表人物。传说老子曾铸造八卦炉（后世称为"老君炉"），故铸造业尊其为祖师
	木匠、石匠、泥水匠	鲁班	姓公输，名般。春秋时期鲁国巧匠，由于"般"与"班"同音，后世一般称他为鲁班。相传他曾发明多种木作工具，创制攻城的云梯和磨面粉的石磨
	厨师	易牙	春秋时期齐桓公的近臣，长于调味
	皮匠、鞋匠	孙膑	战国时期军事家，在齐国任军师。相传齐国士兵本来都穿草鞋、木鞋，行军作战极为不便，孙膑下令改穿皮制、布制的鞋。因此，他被制革、制鞋行业尊奉为祖师
	中医	扁鹊	姬姓，秦氏，名越人。战国时期医学家，创立望、闻、问、切"四诊"医术，后世奉其为中医祖师
封建帝制社会	制笔业	蒙恬	姬姓，蒙氏，名恬。秦朝名将。因改良毛笔被尊奉为制笔业的祖师
	造纸业	蔡伦	字敬仲，因改良造纸术被誉为造纸业祖师
	外科医学	华佗	名旉，字元化，一名旉，沛国谯县（今安徽省亳州市）人，创制麻沸散（麻醉药）用于外科手术，故被尊奉为"外科鼻祖"
	屠宰业	张飞	字翼德，涿郡（今河北涿州）人，三国时期蜀汉大将。在小说演义中，张飞曾做过屠户，以屠宰为业，故被屠宰业尊奉为祖师
	印染业	葛洪	字稚川，自号抱朴子，晋丹阳句容（今属江苏省）人。东晋时期著名医药学家，著《抱朴子》一书，曾在炼丹中提炼出多种染料，被后世用来印染布帛、纸张
	火腿业	宗泽	字汝霖。婺州乌伤（今属浙江省义乌市）人，为宋朝名将。他发明的火腿制作方法流传甚广
	中草药制作业	李时珍	字东璧，号濒湖山人，蕲州（今湖北省蕲春县）人，明代中医药学家，著《本草纲目》传世

（资料来源：作者根据相关资料编写）

　　师徒相承，不仅需要为师者具备一定的传授技艺能力，还需要师父胸襟博大、徒弟聪慧勤奋。很多技艺的传承并非是显性的，而是以缄默的形式表现，即"师父领进门，修行在个人"。工匠们的言传身教，在传授手艺的同时，也传递了耐心、专注、坚持等精神特质。这些特质的培养依赖于工匠之间"以心传心、心心相印"的情感交流，以及"体察领悟，身知体会"的行为晕染。可见，工匠们对职业的尊重、对专业精神的信仰、对技艺传承的专注、对师徒情义的敬畏，都集中体现了我国古代工匠精神的价值意蕴。

二、当代工匠精神

今天，我国正经历着从制造业大国向制造业强国转型，然而传统制造业面临的产能过剩、结构性有效需求不足、消费结构有待升级等问题使中国制造业大而不强的现状凸显，亟须具备工匠精神和高超技艺的工匠作为人才的有力支撑。新时代呼唤新工匠，实现制造业强国需要工匠精神。

知识链接

2016年4月26日，习近平总书记在安徽主持召开知识分子、劳动模范、青年代表座谈会时，明确提出"工匠精神"。

2016年12月14日至16日，中央经济工作会议在北京举行，习近平总书记出席会议并发表重要讲话。会议提出，要引导企业形成自己独有的比较优势，发扬"工匠精神"，加强品牌建设，培育更多"百年老店"，增强产品竞争力。

2017年2月6日，习近平总书记主持召开中央全面深化改革领导小组第三十二次会议，审议通过了《新时期产业工人队伍建设改革方案》，其中指出"强化职业精神和职业素养教育，大力弘扬劳模精神、劳动精神、工匠精神"。

2017年10月18日，习近平总书记在党的十九大报告中明确指出，"建设知识型、技能型、创新型劳动者大军，弘扬劳模精神和工匠精神，营造劳动光荣的社会风尚和精益求精的敬业风气"。

2018年10月29日，习近平总书记同全国总工会新一届领导班子成员集体谈话，指出"劳动模范是民族的精英、人民的楷模。大国工匠是职工队伍中的高技能人才"。

2020年11月24日，习近平总书记在全国劳动模范和先进工作者表彰大会上的重要讲话，再次对弘扬劳模精神、劳动精神、工匠精神进行了阐释。

培养和弘扬工匠精神已得到全社会高度重视。2016年的《政府工作报告》指出，"鼓励企业开展个性化定制、柔性化生产，培育精益求精的工匠精神，增品种、提品质、创品牌"。同年，在第二届中国质量奖颁奖大会上李克强作出"弘扬工匠精神，勇攀质量高峰"的重要批示。2016年5月，李克强在考察东风商用车重卡新工厂时指出，"中国制造"的品质革命，要靠精益求精的工匠精神和工艺创新。同月，李克强在贵阳出席中国大数据产业峰会暨中国电子商务创新发展峰会开幕式时再次指出，"以大数据为代表的创新意识和传统产业长期孕育的工匠精神相结合，使新旧动能融合发展，并带动改造和提升传统产业"。

2017年的《政府工作报告》再次指出，"要大力弘扬工匠精神，厚植工匠文化，恪尽职业操守，崇尚精益求精，完善激励机制，培育众多'中国工匠'，打造更多享誉世界的'中国品牌'，推动中国经济发展进入质量时代"。这些表述充分体现出国家对于大力弘扬新时代工匠精神的重视。

2020 年 11 月 24 日，习近平总书记在全国劳动模范和先进工作者表彰大会上的讲话中，把工匠精神的内涵概括为"执着专注、精益求精、一丝不苟、追求卓越"，号召在全社会大力弘扬劳模精神、劳动精神、工匠精神。2020 年 12 月 10 日，习近平总书记在给首届全国职业技能大赛的贺信中强调，各级党委和政府要高度重视技能人才工作，大力弘扬劳模精神、劳动精神、工匠精神，激励更多劳动者特别是青年一代走技能成才、技能报国之路，培养更多高技能人才和大国工匠，为全面建设社会主义现代化国家提供有力人才保障。2021 年 4 月，习近平总书记对职业教育工作作出重要指示强调，要加快构建现代职业教育体系，培养更多高素质技术技能人才、能工巧匠、大国工匠。各级党委和政府要加大制度创新、政策供给、投入力度，弘扬工匠精神，提高技术技能人才社会地位，为全面建设社会主义现代化国家、实现中华民族伟大复兴的中国梦提供有力人才和技能支撑。2022 年 4 月 27 日，习近平总书记在致首届大国工匠创新交流大会的贺信中强调，要大力弘扬劳模精神、劳动精神、工匠精神，适应当今世界科技革命和产业变革的需要，勤学苦练、深入钻研，勇于创新、敢为人先，不断提高技术技能水平，为推动高质量发展、实施制造强国战略、全面建设社会主义现代化国家贡献智慧和力量。

党的二十大报告中，将大国工匠、高技能人才列为国家战略人才，这充分说明，我们既需要顶尖的科学家、工程师攻克"卡脖子"问题，也需要大量能有效解决"从图纸到产品"这一科技成果转化"最后一公里"问题的实用人才。

如今，中国制造、中国创造、中国建造共同发力，持续改变着中国乃至世界的面貌。中国制造正在经历一场"品质革命"，中国创造已在全世界形成了一定的影响力，中国建造的超级工程一个又一个拔地而起。中国路、中国桥、中国车、中国港、中国网等，刷新了一个又一个"中国速度"。一双又一双勤劳的手默默编织着美好梦想，一批又一批优秀工匠成为我国由中国制造转向中国智造、由制造大国走向制造强国的底气和脊梁。

第三节　新时代弘扬工匠精神

我国是技能型人才大国，也是制造业大国，制造业在国民经济中的地位和作用举足轻重。当前，我国正处在从工业大国向工业强国迈进的关键时期，培育和弘扬严谨认真、精益求精、追求完美的工匠精神，对于建设制造强国至关重要。在中国特色社会主义进入新时代的历史背景下，中国制造的"品质革命"需要以树匠心、育匠人、出精品为抓手，建设知识型、技能型、创新型的劳动者大军，不忘本来、吸收外来、面向未来，更好地构筑中国精神、中国价值和中国力量。

树匠心是弘扬工匠精神的根本。工匠精神，匠心为本。树匠心就要坚守初心、执着专注，在本职岗位上坐得住、做得好，既要从中华优秀传统文化中汲取营养，又要紧跟时代步伐、勇于开拓创新，不断赋予工匠精神新的时代内涵，让尊重劳动、尊重知识、尊重人才、尊重创造成为全社会共识，让工匠精神发扬光大。

育匠人是传承工匠精神的基础。工匠精神，匠人为基。广大技能型人才是工匠精神的主要传承者、实践者和创新者。实践证明，拥有一支技艺超群、敬业奉献的技能型人才队伍，是建设制造强国的坚强保障。只有培养大批技能型人才，才能有力支撑制造强国建设。

出精品是践行工匠精神的目的。工匠精神，精品为重。只有打造更多的精品，生产更多的优质产品，塑造更多的"中国品牌"，中国经济发展才能进入质量效益时代，中国制造业才能在做大做强中跻身世界前列。出精品要以精益求精的追求，从创新上找动力，在产品和服务两个方面下苦功，以品质为保证，在品种、品质、品牌等方面深耕细作，着力解决质量稳定性、消费安全性等问题。

一、践行工匠精神

工匠的职业态度、专业精神和人文素养，是每一位走向工作岗位的技术产业工人都应当具备的。只有拥有忠诚的职业态度、精益求精的专业精神、乐于工作的人文素养，新时代的技术产业工人才能真正在工作岗位中实现自我价值，才能为企业发展贡献自己的力量。以科学的态度弘扬和践行新时代工匠精神，是弘扬和践行中国特色社会主义文化的重要组成部分；不仅要从中华优秀传统文化中汲取营养，更要赋予中华优秀传统文化新的时代内涵。以科学的态度弘扬和践行新时代工匠精神，不仅要传承和发展中华优秀传统技艺，还要把中华文明的自然观、审美观、价值观通过工匠们出神入化的技艺融入作品中，以器载道，用高质量的产品折射出"道技合一"的人文情怀。以科学的态度弘扬和践行新时代工匠精神，就必须使整个社会达成共识，并做到以下几个方面：①明确工匠的群体构成与文化价值；②营造良好的工匠文化氛围，强调工匠的职业认同和职业自豪感；③兼顾工匠的经验积累和创新创造；④追求实现工匠文化的以器载道。

二、大国工匠的风采

（一）高铁首席研磨师

2010年12月3日，中国自主知识产权的CRH380A型列车在京沪高铁跑出了时速486.1公里的世界第一速度。之后，这款列车的模型成为中国领导人在全球推介高铁产品时随身携带的唯一列车模型。高铁已然成为中国制造的一张亮丽名片。

宁允展，中国青岛四方机车车辆股份有限公司车辆钳工、高级技师，从业以来一直扎根生产一线，主要从事高速动车组转向架研磨、装配工作，被誉为中国高铁的首席研磨师。

转向架是时速 300 公里以上的高铁都具有的一个重要部件。转向架通过定位臂落在四个车轮的节点上，每个节点的接触面不足 10 平方厘米。当列车以 300 公里以上的时速运行时，接触面承受的冲击力将达到二三十吨。如果接触面缝隙大了，车轮可能会松脱；如果将接触面完全焊死，转向架就无法再打开，影响列车检修。用宁允展的话说，如果把高铁列车比作一名长跑运动员，车轮就是运动员的脚，转向架就是运动员的腿，而他负责研磨的定位臂就是运动员的脚踝。在世界各国的高铁生产线上，转向架都需要手工研磨，而按照国际标准，留给手工研磨的空间只有 0.05 毫米左右，也就是相当于一根头发丝的直径。

宁允展就在这细如发丝的空间里施展着自己的绝技。他的同事评价他为纯粹的"技术控"，他的绝活就是可以像绣花一样，把切口表面隐约的竖线织成一张纹路细密、摩擦力超强的网。"0.1 毫米的时候，国内大概有十几个人能干。到了 0.05 毫米，别人都干不了，目前就只有他能干。"

宁允展凭借匠心和匠艺先后获得"全国道德模范"、"中国好人"、"全国五一劳动奖章"（图 5-3）、"全国最美职工"、"全国职工职业道德建设标兵个人"、"央企楷模"、"山东好人之星"等荣誉。宁允展不仅在一线岗位上收获了权威和自信，也为中国高铁列车的高品质制造做出了突出贡献。

图 5-3 全国五一劳动奖章

（二）火箭"心脏"焊接人

高凤林，中国航天科技集团公司第一研究院首都航天机械有限公司特种熔融焊接工、特级技师，从事火箭发动机焊接工作 30 余年，先后参与北斗导航、嫦娥探月、载人航天等国家重点工程及"长征五号"新一代运载火箭的研制工作，出色完成亚洲最大的全箭振动试验塔的焊接攻关、修复苏制图-154 飞机发动机，还成功解决了反物质探测器项目难题。

火箭发动机是为火箭提供动力的，被称为火箭的"心脏"。火箭发动机的焊缝宽度接近头发丝，而长度相当于绕标准足球场一周以上。这种焊接任务需要几万次的精密操作才能完成，而且每一次操作都要保证一步到位，绝不允许有丝毫瑕疵。

绝活不是凭空得，功夫还得练出来。高凤林吃饭时拿筷子练焊接送丝，喝水时端着盛满水的缸子练稳定性，休息时举着铁块练耐力，冒着高温观察铁水的流动规律。均匀呼吸要练，甚至盯着一个地方不眨眼也要练。但是这些在高凤林眼里都不算什么，只要焊枪一响、面罩一戴，他的眼里就只有焊点处金属熔化成柔软流体时发出的微光。

2015年，高凤林获得"全国劳动模范"荣誉称号。他以卓尔不群的技艺和劳模特有的人格魅力成为新时代高技能工人的时代坐标。

三、学习借鉴其他国家的工匠精神

（一）德国工匠的执着专注

在世界制造业的舞台上，"德国制造"以耐用、可靠、安全、精密等优点闻名于世，俨然成了优质产品的代名词。德国的汽车、刀具、钟表、酿酒设备、地下排水系统、建筑和家具等享誉世界。然而，德国制造也曾经历一段知耻而后勇的质量立国之路，如今专注成为德国工匠精神的核心内容之一。德国有很多百年企业，为了成为某一产品全国乃至全球最强，它们专注这一领域几十年，甚至上百年。它们不在乎企业规模多大、资产多少、利润多少，只关心产品质量全球第一。眼光长远的德国中小企业甚至不在意一时得失，而是专注产品延续几十年，甚至上百年的目标。因为专注，德国企业和工匠往往终生打造一件精品，世代相传。

"术业有专攻"让德国制造成为世界制造业的"领头羊"。德国除了奔驰、宝马、西门子等知名品牌之外，还有数以千计的中小企业，它们大部分都是术业有专攻，一旦选定某一领域或一个细分产品，就会一门心思扎根下去、不断探索，直到成为这一细分行业的标杆。即使行业暂时不景气，企业也不会轻言放弃。

（二）意大利工匠的纯手工打造

意大利的豪华游艇、数控机床、高端厨具、服装定制等产业非常发达，然而这些产业在意大利有一个共同的特点，即小批量生产，甚至是私人定制，它们十分强调"纯手工打造"。意大利的服装业流行这样一句话："顾客看不见，但自己看得见，时间也看得见。"意大利工匠这种对品质的追求，正是其精神的具体体现。

意大利的手工业有着悠久的历史，经过几百年的代代相传，取得了举世瞩目的成就。意大利的很多工匠都是子承父业，他们积极地传承着父辈对品质的执着追求，并在传承的基础上加以创新。他们摒弃了工业化生产的简单复制，强调以客户为中心，通过工匠的心手相通体现出对人和产品的尊重。这也是意大利许多高端产品得以传承百年、载誉全球的原因。

（三）瑞士钟表匠的精巧用心

钟表业是工艺最精巧的手工行业，瑞士钟表能称雄天下 400 多年，便得益于钟表匠们的精巧匠心。

20 世纪 70 年代，瑞士钟表业也曾在便宜、轻便的日本石英手表冲击下遭遇"寒冬"，然而时代可以淘汰一种产品，却无法泯灭坚定执着、勇于创新的工匠精神。如今，世界顶级名表的榜单上，几乎全是瑞士品牌，是工匠们的精巧用心帮助瑞士钟表升级迭代，是工匠们的坚持和坚守让瑞士钟表再次迎来了繁荣的时代。瑞士工匠利用当代最先进的材料研发复杂的新工艺，坚持自主研发机芯模具，最终不仅塑造了精巧耐用的瑞士钟表行业形象，还带动了瑞士各种精密仪器、刀具等行业的迅速崛起。

（四）日本工匠的极致理念

"不凑合，做到极致"是日本工匠精神的特征之一。日本匠人有着极强的自尊心和荣誉感，视作品质量如生命，对每一件作品都力求尽善尽美，并以自己的优秀作品为傲。

另外，日本匠人还善于从消费者的需求出发。很多日本的百年老店都不急于"做大做全"，而是专注某种商品或技术，重视消费者的体验和感受，与之建立长久的产品情感。因此，一旦工匠的制成品出现瑕疵，他们心里就会非常难受，从而绝不允许有瑕疵的产品流入市场。日本学者后藤俊夫曾将日本匠人的经营哲学总结为"先义后利"，这种不凑合的经营理念在日本现代大企业中广为流传。日本社会也很尊重有技能的人，匠人的社会地位较高，这为日本匠人能潜心钻研营造了良好的社会氛围。

💡 **本章思考**

查阅与自己所学专业相近的世界技能大赛金牌获得者的事迹，从同龄人身上感悟工匠精神的内在素养和价值追求，制订学习弘扬工匠精神的实施计划。

第三部分

劳动专业知识编

第六章 | 劳动与法律

小明同学的疑惑

　　暑假，为了完成学校布置的暑期社会实践任务，小明同学在家乡的一家房地产公司实习，工作岗位是房产销售。随着时间一天天过去，小明在实习中不断成长，学到了很多销售方法和沟通技巧。然而，天有不测风云，在第 25 天的早上，他在带客户看房的途中不幸发生交通事故，右手骨折被送往医院救治，并需住院治疗。小明要求公司按工伤标准给予自己补偿，但公司没有同意他的要求，理由是他的工作属于实习性质，没有签订劳动合同，不存在劳动关系，所以他受的伤不能算工伤。小明得到公司的回复后非常愤怒，认为他明明是因公司工作受伤的，为什么不能算工伤呢？为什么与公司不存在劳动关系呢？

探索与思考

　　1. 小明同学与实习单位之间是劳动关系吗？

　　2. 同学们还需要掌握哪些劳动法律知识？

　　在现代社会中，法律与人们的生产生活密切相关。劳动领域相关法律的产生与发展反映了社会的变化、人民的诉求，逐渐形成了劳动法体系。劳动法是调整劳动关系及与劳动关系密切联系的社会关系的法律规范总称，是从民法中分离出的法律部门，起源于资本主义发展到一定阶段工人运动的成果。劳动法体系从法律条文上规范和调整工会、雇主及雇员的关系，并保障各方面的权利及义务，在现代社会中发挥着重要作用。

第一节　劳动法律体系

　　劳动法作为独立的法律体系产生于 19 世纪，并随着产业革命的蓬勃发展及工人运动的日益增多走向壮大与成熟。

一、早期工人运动与劳动法规的孕育

18 世纪末 19 世纪初，随着西方各国工业革命和无产阶级革命运动的风起云涌，广大工人阶级强烈要求废除原有的"工人法规"，颁布缩短工作日的法律。他们以罢工、集会等方式向当权阶级施压，要求增加工资、禁止使用童工、对女工及未成年工给予特殊保护及实现社会保险等。资产阶级政府迫于工人运动的压力，制定了限制工作时间的法规，从而促使了劳动法的产生。

1802 年，英国议会通过的《学徒健康与道德法》，是现代劳动立法的开端。1864 年，英国又陆续颁布了一系列法律，形成了所谓的适用于一切大工业的《工厂法》。1901 年，英国制定的《工厂与作坊法》，对劳动时间、工资给付日期、地点及建立以生产额多少为比例的工资制等，都做了详细规定。同一时期的德国、法国在劳动立法方面也有进展。德国于 1839 年颁布了《普鲁士工厂矿山条例》；法国于 1806 年制定了《工厂法》，于 1841 年颁布了《童工、未成年工保护法》，最终于 1912 年制定了《劳工法》。

二、劳动法规逐渐成熟

进入 20 世纪以后，随着工业革命逐渐完成，工人阶级队伍不断壮大，西方主要国家大都相继颁布了劳动法规。通过 1802 年以来百余年的努力，西方国家的劳动法逐渐从民法中分离出来，成为独立的法律部门。

第一次世界大战后，由于国际无产阶级斗争的高涨，西方国家陆续制定了劳动法。1918 年，德国颁布了《工作时间法》，明确规定对产业工人实行 8 小时工作制，还颁布了《失业救济法》《工人保护法》《集体合同法》，这些都在一定程度上保护了劳动者的利益，对资本家的权益做了适当的限制。

到 20 世纪 30 年代，西方国家的劳动立法出现了两种不同倾向：一种是以德、意、日为代表的法西斯国家，它们不仅把已经颁布实施的改善劳动条件的法令废除，而且把劳动立法作为实现法西斯专政、进一步控制工人的工具；另一种是以英、美为代表的国家，它们为了摆脱经济危机，对工人采取了一定的让步政策。例如，英国于 1932—1938 年，先后颁布了缩短女工和青工劳动时间，实行保留工资、年休假及改善安全卫生条件的几项法律。美国在 1935 年颁布的《国家劳工关系法》（《华格纳法》），规定工人有组织工会和工会有代表工人同雇主订立集体合同的权利。1938 年，美国又颁布了《公平劳动标准法》，规定工人最低工资标准和最高工作时间限额，以及超过时间限额的工资支付办法。

俄国十月革命后，在 1918 年颁布了第一部《劳动法典》，1922 年颁布了更加完善的《俄罗斯联邦劳动法典》，体现了工人阶级地位的转变和国家对劳动和劳动者的态度。它以法典的形式使劳动法彻底脱离了民法的范畴。

二战后，资本主义危机进一步加深，资本主义国家产生了一批现代的反工人立法。例如，1947 年美国国会通过的《塔夫脱－哈特莱法》，把工会变成受政府和法院监督的机构，禁止工会以将工会基金用于政治活动；规定要求废除或改变集体合同的，必须在 60 天前通知对方，在此期间禁止罢工或关闭工厂，而由联邦仲裁与调解局进行调解；规定政府有权命令大罢工延期 80 天举行，禁止共产党人担任工会的职务等。又如，1947 年法国国民议会通过的《保卫共和国劳动自由法》，这同样是镇压工人运动的法律。到 20 世纪 60 年代，西方资本主义国家的劳动立法出现了新的趋势。在工人运动的压力下，各主要国家相继颁布了一些改善劳动条件和劳动待遇的法律，如法国颁布了关于改善劳动条件、男女同工同酬、限制在劳动方面种族歧视的法律，日本于 1976 年重新修订了《劳动标准法》，还制定了关于最低工资、劳动安全与卫生、职业训练、女工福利等方面的法律。

20 世纪 70 年代以后，苏联的劳动立法也有了很大的变化。1970 年，苏联颁布了《苏联和各加盟共和国劳动立法纲要》，其后各加盟共和国根据这一立法纲要颁布了自己的劳动法典。东欧国家在 20 世纪 50 年代先后颁布了劳动法典，到 60 至 80 年代，除有的国家如保加利亚，对它们的劳动法典进行了修订和补充外，大部分国家如罗马尼亚、匈牙利、民主德国、捷克斯洛伐克、阿尔巴尼亚、波兰、南斯拉夫等，都再次颁布了劳动法典。经过近两个世纪的历程，劳动法越来越受到重视，在世界各国的法律体系中已经占据了重要的地位。

三、中国的劳动立法

劳动立法在我国出现是在 20 世纪初期。1923 年，北洋政府农商部公布了《暂行工厂规则》，内容包括最低受雇年龄、工作时间与休息时间、对童工和女工工作的限制，以及工资福利、补习教育等规定。国民党政府则沿袭清末《大清民律草案》的做法，把劳动关系作为雇佣关系载入 1929—1931 年的民法中；1929 年颁布的《工会法》，实际上是限制与剥夺工人民主自由的法律。为了维护工人利益，中国共产党领导下的中国劳动组合书记部在 1922 年发动了大规模的劳动立法运动，并提出《劳动法大纲》19 条等，这一代表工人利益的法规并未得到当时政府的承认。

直到中国共产党领导建立的革命根据地，我国才出现了真正代表职工利益的劳动立法。1931 年 11 月，中华工农兵苏维埃第一次全国代表大会通过了《中华苏维埃共和国劳动法》。抗日战争时期，各边区政府也曾公布许多劳动法令，如晋冀鲁豫边区于 1941 年 11 月公布《晋冀鲁豫边区劳工保护暂行条例》。解放战争期间，1948 年 8 月召开的第六次全国劳动大会通过了《关于中国职工运动当前任务的决议》，对解放区的劳动问题提出了全面的、相当详尽的建议，对调整劳动关系提出了基本原则。各个解放区的人民政府，也先后颁布过不少劳动法规。这一切都为中华人民共和国的劳动立法提供了丰富的经验。

中华人民共和国成立后，1950 年 6 月，中央人民政府公布施行《中华人民共和国工会法》；同年，劳动部公布《关于劳动争议解决程序的规定》；1951年2月，中央人民政府政务院公布《中华人民共和国劳动保险条例》（1953年1月经修正后重新公布）；1952年8月，中央人民政府政务院发布《关于劳动就业问题的决定》；1954年7月，中央人民政府政务院公布《国营企业内部劳动规则纲要》；1956年7月，国务院发布《关于工资改革的决定》；1956年5月，国务院颁布《工厂安全卫生规程》《建筑安装工程安全技术规程》《工人职员伤亡事故报告规程》。

在全面进行社会主义建设阶段，中国的劳动立法有了发展。1958年2月，国务院公布了《关于工人、职员退休处理的暂行规定》等4项重要规定。1978年5月，国务院公布了《关于安置老弱病残干部的暂行办法》和《关于工人退休、退职的暂行办法》，同时国务院还发布了《关于实行奖励和计件工资制度的通知》。1982年2月，国务院发布了《矿山安全条例》《矿山安全监察条例》《锅炉压力容器安全监察暂行条例》等3项法律文件。1982年4月，国务院发布了《企业职工奖惩条例》。1986年7月，国务院发布了《国营企业实行劳动合同制暂行规定》《国营企业招用工人暂行规定》《国营企业辞退违纪职工暂行规定》《国营企业职工待业保险暂行规定》。1986年9月，中共中央、国务院发布了《全民所有制工业企业职工代表大会条例》。1987年7月，国务院发布了《国营企业劳动争议处理暂行规定》；同年，劳动人事部发出了《关于严格禁止招用童工的通知》。1988年7月，国务院公布了《女职工劳动保护规定》。1992年4月，七届全国人大五次会议通过了新的《中华人民共和国工会法》；同年11月，全国人民代表大会常委会通过了《中华人民共和国矿山安全法》。1993年7月，国务院颁布了《中华人民共和国企业劳动争议处理条例》。1994年2月，国务院发布了《关于职工工作时间的规定》。这些劳动法规在调整劳动关系方面发挥了积极作用。

1956年，我国曾起草劳动法，由于历史原因夭折。1979年第二次起草劳动法，1983年7月曾由国务院常务会议讨论通过劳动法草案，但因很多问题难以妥善解决，最终未提交全国人大审议。20世纪90年代初期，第三次起草劳动法，1994年7月5日经全国人大常委会审议通过。《中华人民共和国劳动法》（以下简称《劳动法》）的颁布标志中国劳动法制进入新的历史阶段。

《劳动法》共13章107条，包括总则、促进就业、劳动合同和集体合同、工作时间和休息休假、工资、劳动安全卫生、女职工和未成年工特殊保护、职业培训、社会保险和福利、劳动争议、监督检查、法律责任、附则。《劳动法》是我国劳动法体系中的基本法，为劳动法制建设奠定了基础。《劳动法》的立法指导思想是：①充分体现宪法原则，突出对劳动者权益的保护；②有利于促进生产力的发展；③规定统一的基本标准和规范；④坚持从我国国情出发，尽量与国际惯例接轨。这一指导思想保证了《劳动法》的制定工作具有中国社会主义特色。

最新的《中华人民共和国劳动合同法》由第十一届全国人民代表大会常务委员会第

三十次会议于 2012 年 12 月 28 日公布，自 2013 年 7 月 1 日起施行。

劳动法律是调整劳动关系的法律，也是与人们的工作关系最为密切的法律。大到劳动者与用人单位之间是否存在劳动关系，小到加班工资怎么发放，都能在劳动法律中找到答案。可以说，劳动法律是劳动者安心从事劳务活动的保护伞。具体而言，劳动法律体系包括劳动基本法、劳动合同制度、就业促进制度、劳动争议处理制度和社会保险制度。我国劳动法体系是根据劳动关系法律调整的特点和内容构成的，《劳动法》的颁布和实施，使我国劳动法体系趋于完善。

我国劳动法体系由以下劳动法律制度构成。

（一）促进就业法律制度

在市场经济条件下，通过劳动力市场的自发运行已经被证明不可能实现充分就业，劳动力供给与需求在总量与结构上都可能存在失衡。为了保证劳动者的劳动权，提高劳动力资源的利用水平，促进经济增长，国家有责任通过制定经济政策实现充分就业。促进就业法律制度的主要内容是规范国家在促进就业方面的职责，各级政府促进就业的职责，对社会特定人口群体如妇女、残疾人员、少数民族人员、退出现役的军人等的专门促进就业的措施。

（二）劳动合同和集体合同制度

劳动合同和集体合同制度的主要内容包括：劳动合同的订立、履行、变更、解除、终止；集体合同协商、订立的程序、原则，集体合同履行、监督检查等规则。任何国家的劳动立法都不能覆盖劳动关系运行的全部劳动行为和用工行为。为了使劳动关系处于一种稳定和谐的状态，劳动关系当事人的权利义务除国家立法所规定的原则性规范和最低标准以外，必须由当事人平等协商确定，而劳动合同和集体合同制度就适应了劳动关系运行的这种需要。建立和谐的劳动关系，必须发挥合同规范在调整劳动关系中的作用。

（三）劳动标准制度

劳动标准制度包括工作时间和休息休假制度、工资制度、劳动安全卫生制度及女职工和未成年工特殊保护制度等。劳动法所规定的劳动标准为最低劳动标准，一般属于强制性法律规范，以绝对肯定的形式予以规定，具有必须严格执行的法律约束力，具有单方面的强制性，不能由当事人协议变更。劳动关系当事人协议约定的劳动条件标准可以高于国家规定的标准，但是不能低于国家规定的标准，否则不具有法律约束力。例如，劳动关系当事人约定的工资可以高于国家规定的最低工资标准，但是不能低于该项标准。再如工作时间，在正常情况下可以低于每日 8 小时的标准工作日，但是不能约定超过 8 小时的工作日，当然依照法定程序延长工作时间的不在此列。即使依照法定程序延长工作时间，在正常情况下，每月也不能超过 36 小时。

（四）职业培训制度

职业培训是指对要求就业的劳动者或已经就业的劳动者进行专业技术知识和职业技能方面的教育与训练，其目的在于开发劳动者的职业技能，提高劳动者素质，增强劳动者的就业能力和工作能力。职业培训是我国国民教育体系的重要组成部分。职业培训制度规定了政府有关部门和用人单位在发展培训事业和开发劳动者职业技能方面的职责、管理权限、职业分类、通用标准和职业技能考核鉴定制度。

（五）社会保险和福利制度

社会保险制度在于保障劳动者的物质帮助权，其功能是使劳动者在年老、患病、工伤、失业和生育等情况下能够获得帮助和补偿。社会保险制度的主要内容包括社会保险的体制，社会保险的项目、种类，社会保险的适用范围，享受社会保险待遇的资格条件和标准，社会保险待遇的支付原则，以及社会保险基金的筹集、运营和管理等。

（六）劳动争议处理制度

劳动争议处理制度是为了保证劳动实体法的实现而制定的有关劳动争议处理的调解程序、仲裁程序和诉讼程序的规范，以及劳动争议处理机构的组成，其调解、仲裁程序应遵循的原则等内容。

（七）工会和职工民主管理制度

工会和职工民主管理制度在于保障劳动者的结社权和民主管理参与权。该项制度规定了工会的法律地位，工会的职责与任务，工会的工作方式与活动方式，以及劳动者民主参与管理的形式，职工大会、职工代表大会的职权等内容。

（八）劳动法的监督检查制度

劳动法的监督检查制度是为有效地贯彻实施劳动法，保护劳动者的合法权益，对用人单位和其他有关单位遵守劳动法的情况实行监督、检查、纠偏、处罚活动的主体、监督检查的目的、监督检查的客体、监督检查的方式，对违反劳动法的行为进行制止、纠正和追究违法行为人法律责任的规定的总称。劳动法的监督检查内容既包括《劳动法》中各项规定的实施状况，也包括劳动法律部门对各项劳动法律规范的实施状况。

劳动法的监督检查功能是为了保障劳动法体系的全面实施。劳动法的监督检查制度与其他各项劳动法律制度的区别主要表现在以下 3 个方面：

（1）其他各项劳动法律制度主要规定劳动关系的内容、运行规则和调整原则与方式，而劳动法的监督检查制度主要规定以何种手段实现和保证各项劳动法律制度的实施。

（2）其他各项劳动法律制度是劳动监督检查实施时确定监督检查客体的行为合法与否的标准及对违法情况进行处理的法律依据，而劳动监督检查制度是实施劳动监督检查的职权划分和行为规则。

（3）劳动监督检查制度既独立于其他各项劳动法律制度之外，又是其他各项劳动法律制度的组成部分，即各项劳动法律制度的范围与劳动监督检查制度的范围是一致的，而且正是两者范围的一致性，才能保证各项劳动法律制度得到有效的实施。

第二节　劳动与劳动合同

劳动合同又称为劳动契约，是劳动者与用人单位确立劳动关系、明确双方权利与义务的协议。有了书面的劳动合同，才能明确劳动者的工作时间、工作地点、工资报酬等内容，同时用人单位才能依据劳动合同支付劳动报酬，并保证劳动者享有劳动保护、社会保险、福利等权利和待遇。因此，我国劳动法律要求建立劳动关系必须订立书面劳动合同。

一、劳动合同的签订

劳动合同是劳动者与用人单位之间确立劳动关系、明确双方权利与义务的协议，建立劳动关系就应当订立劳动合同。订立和变更劳动合同应当遵循平等自愿、协商一致的原则，不得违反法律、行政法规的规定。劳动合同依法订立后即具有法律约束力，当事人必须履行劳动合同规定的义务。

根据我国《劳动法》规定，劳动合同是用人单位与劳动者建立劳动关系的法律依据，用以明确双方的权利义务。双方一旦建立了劳动关系，就要签订书面劳动合同，试用期也不例外。劳动合同必须是合法的，否则自签订之日起无效，必须重签。按规定，签订合同以后，用人单位就应为劳动者购买社会保险，包括养老保险、工伤保险、医疗保险、生育保险、失业保险。

对于不签劳动合同的单位或个人，劳动部门有权责令其补签或施以处罚。对于不签劳动合同的一方，另一方有权要求其赔偿损失。因履行劳动合同发生的争议，当事人可自行和解，也可向单位的调解委员会申请调解，或向劳动争议仲裁委员会申请仲裁，或向人民法院起诉。用人单位不签劳动合同，造成劳动者权益受到损害时，劳动者可依法向劳动保障监察机构举报。

劳动合同是劳动者权益的有力保障，劳动者应充分重视合同的作用。在自己的正当权益受到损害时，更要勇于向法律寻求帮助和保护。同时，劳动合同也是用人单位合理使用劳动力、巩固劳动纪律、提高劳动生产率的重要手段。它是减少和防止发生劳动争议的重要措施，也是建立规范有效劳动关系的重要载体。

二、劳动合同的期限

法律规定劳动合同期限分为 3 种：有固定期限，如 1 年期限、3 年期限等；无固定期限，即合同期限没有具体时间约定，只约定终止合同的条件，如无特殊情况，这种期限的劳动合同应存续到劳动者到达退休年龄为止；以完成一定的工作为期限，如劳务公司外派员工去其他公司工作，两个公司签订了劳务合同，劳务公司与外派员工签订的劳动合同期限是以劳务合同的解除或终止而终止。用人单位与劳动者在协商选择合同期限时，应根据双方的实际情况和需要约定。

三、劳动合同的变更与终止

劳动合同的变更是指劳动合同履行过程中，经用人单位和劳动者双方协商一致或用人单位依据法律规定或约定，以书面形式对劳动合同内容进行修改、补充或删减的法律行为。在劳动合同的履行过程中难免会出现各种问题需要应对，如劳动者生病、受伤或出现不能胜任工作等情况，用人单位因经营不善需要裁员甚至破产等情况，使得劳动合同订立时的条件发生了变化，这就需要对劳动合同的内容进行相应的调整。

劳动合同变更包括协商变更和法定变更。协商变更即双方当事人经过协商一致，对劳动合同进行的变更。法定变更则是根据法律规定对劳动合同的主体和内容进行的变更。《劳动合同法》第三十三条、第三十四条规定的用人单位出现名称、法定代表人、主要负责人或投资人等事项的变更及发生合并或分立等变化就是劳动合同的法定变更的情形。在这些情形下，为了保护劳动者就业的稳定，法律规定劳动合同的履行不发生变化。在法定变更之外，用人单位和劳动者都不能单方变更劳动合同。在实践中，很多用人单位认为劳动合同的变更属于用人单位内部事务，应当由用人单位说了算，可以单方变更劳动者的工资、岗位、工作地点及其他劳动待遇。但根据法律的规定，如果这些变更事先未征得劳动者的同意则是违法行为，变更后的劳动合同是无效的。

劳动合同解除与终止的结果均是劳动关系的结束，区别在于两者发生的时间不同：前者发生在劳动合同有效期届满或履行完毕之前，而后者发生在劳动合同有效期届满或履行完毕之时。在我国，劳动合同解除和终止的情形都由法律规定，劳动者和用人单位不能通过约定的方式增加劳动合同解除和终止的事由。

劳动合同终止的情形包括：劳动合同期满；劳动者开始依法享受基本养老保险待遇；劳

动者死亡，或者被人民法院宣告死亡或宣告失踪；用人单位被依法宣告破产；用人单位被吊销营业执照、责令关闭、撤销或用人单位决定提前解散；法律、行政法规规定的其他情形。用人单位应当在解除或终止劳动合同时出具解除或终止劳动合同的证明，并在 15 日内为劳动者办理档案和社会保险关系转移手续。综上可见，《劳动合同法》对劳动者劳动合同的单方解除限制较少。但作为一名合格的劳动者，遵纪守法是最基本的要求，这既是劳动社会化的内在要求，更是劳动者职业道德的题中之义。因此，在劳动合同的解除和终止过程中，劳动者和用人单位一样，都应当按照法律的要求合法地行使权利并履行义务。

随着劳动合同法的实施，人们的法律意识、合同观念越来越强，劳动合同中约定条款的内容也越来越多。这是提高劳动合同质量的一个重要体现。

第三节　劳动争议及其处理

劳动争议又称为劳动纠纷、劳资纠纷。劳动法视野范围内的劳动争议仅指劳动关系双方当事人之间因劳动权利和义务所发生的争议。在劳动关系的存续过程中，劳动者与用人单位之间发生劳动争议难以避免。劳动者在遭遇用人单位的侵权行为时，如何通过合法的途径有效地维护自身的权益，不仅决定着现有劳动关系的去向，而且会影响未来职业的发展和规划。因此，了解和掌握我国劳动争议处理制度，选择恰当的方式解决劳动纠纷，能够最大限度地减少负面影响，更好地实现劳动者的职业发展。

一、处理劳动争议的程序

我国《劳动法》规定的劳动争议处理方式包括协商、调解、仲裁和诉讼 4 种。用人单位与劳动者发生劳动争议后，双方当事人可以进行协商；不愿协商、协商不成或达成和解协议后不履行的，可以向调解组织申请调解；不愿调解、调解不成或达成调解协议后不履行的，可以向劳动争议仲裁委员会申请仲裁；对仲裁裁决不服的，除法律另有规定的情形外，可以向人民法院提起诉讼。在劳动争议的处理机制中，协商和调解是可以自由选择的程序，但仲裁是前置程序，劳动争议在没有进行仲裁前，是不能直接向法院提起诉讼的。此外，我国还设立了劳动监察制度，即通过行政管理的手段对用人单位遵守劳动法的情况进行监督检查并对其违法行为予以处罚。

（一）协商

通过协商方式自行和解，是双方当事人应首先选择的解决的途径。协商解决是以双方当事人自愿为基础的。不愿协商或者经协商不能达成一致，当事人可以选择其他方式。

（二）调解

调解是处理企业劳动争议的基本办法或途径之一。事实上，调解可以贯穿整个劳动争议的解决过程，既指在企业劳动争议进入仲裁或诉讼以后由仲裁委员会或法院所做的调解工作，也指企业调解委员会对企业劳动争议所做的调解活动。

这里所说的调解则指的是企业调解委员会所做的调解活动。企业调解委员会在接受争议双方当事人调解申请后，首先要查清事实、明确责任，在此基础上根据有关法律和集体合同或劳动合同的规定，通过说服、诱导等方式，最终促使双方当事人在相互让步的前提下自愿达成解决劳动争议的协议。

（三）仲裁

仲裁作为企业劳动争议的处理办法之一，是指劳动争议仲裁机构依法对争议双方当事人的争议案件进行居中公断的执法行为。仲裁一般要经历案件受理阶段、调查取证阶段、调解阶段、裁决阶段、调解或裁决的执行阶段等 5 个阶段。

（四）诉讼

劳动争议诉讼是人民法院按照民事诉讼法规定的程序，以劳动法规为依据，按照劳动争议案件进行审理的活动。当事人如果对仲裁裁决不服，可以向当地基层人民法院起诉。目前是由法院民事审判庭依民事诉讼程序对劳动争议案件进行审理，实行两审终审制。也就是说，当事人若不服一审判决，仍可向上级法院上诉。法院审判程序是劳动争议处理的最终程序。

二、处理劳动争议的机构

根据我国《劳动法》和《企业劳动争议处理条例》的规定，目前处理劳动争议的机构为企业劳动争议调解委员会、劳动争议仲裁委员会和人民法院。

（一）企业劳动争议调解委员会

企业劳动争议调解委员会，是在职工代表大会领导下负责调解本企业内劳动争议的群众组织，由职工代表、企业行政代表和企业工会委员会代表组成。职工代表由职工代表大会或职工大会推举产生，企业行政代表由企业行政方面指定，工会代表由企业工会委员会指定。调解委员会主任由调解委员会在其成员中选举产生。其办事机构设在企业工会委员会。没有建立工会组织的企业，可以设立类似调解委员会的劳动关系协调组织，由职工代表和企业代表协商决定。调解委员会处理劳动争议不是必经程序。

（二）劳动争议仲裁委员会

县、市、市辖区人民政府设立仲裁委员会，负责处理本行政区域内发生的劳动争议，是处理劳动争议的专门机构。各级仲裁委员会由劳动行政主管部门的代表、工会的代表、政府指定的经济综合管理部门的代表组成，主任由劳动行政主管部门的负责人担任，其办事机构设在同级的劳动行政主管部门。仲裁委员会处理劳动争议是必经程序。

（三）人民法院

人民法院是国家的审判机关，也担负着处理劳动争议的任务。劳动争议当事人对仲裁委员会的裁决不服并起诉的案件，由人民法院民事审判庭负责受理。

本章思考

为什么我国会专门制定《劳动法》和《劳动合同法》？这两部法律在保障劳动者权益方面的规定有哪些？

第七章 | 劳动与经济

技能提升价值

前不久，金华市某企业举行了一场职业技能等级工资（能级工资）专项集体协商，员工代表、企业工会代表和永康市总工会相关人员共同商定了产业工人技术创新和能级分配机制。通过该机制，每年将为公司员工增加数十万元的薪资。

该公司职工小张算了一笔账。她已经被认定为金属轧制工高级工和金属材料热处理高级工，如果评上精整工高级工后再带一批徒弟，那么按照能级工资机制，她每月的工资最多可以上涨 1 000 多元。

（资料来源：作者根据相关资料整理编写）

探索与思考

1. 上述薪酬分配机制是否合理？
2. 这个故事对你有哪些启发？

在现代学术体系中，劳动经济学是一门专门的学问。作为应用经济学，劳动经济学是研究劳动力市场上劳动力供给和需求变动行为的科学，它是经济学体系中非常重要的一个分支。我们不仅要从西方经济学的视角学习劳动与经济的一般知识，更要从马克思主义政治经济学的视角学习把握生产力与生产关系，进一步深化对劳动全面、科学的认识。

第一节 劳动与劳动力

在经济学中，"劳动"是一个常见词语，与之密切相关的不仅有劳动力、劳动者这些概念，而且在政治经济学中，劳动还是理解生产力与生产关系的关键概念。

一、劳动力

劳动力是指人的劳动能力，是蕴藏在人体中脑力和体力的总和。劳动力是商品，和其他商品一样具有价值和使用价值。劳动力商品的使用价值是由生产和再生产劳动力商品的社会必要劳动时间决定的。

为更好地把握劳动力的含义，需了解并熟悉如下 3 个方面。

（一）劳动适龄人口

劳动适龄人口指的是年龄处于适合参加劳动的阶段，作为劳动力统计的人口。人口学中一般以 16—64 岁的人口为劳动适龄人口。我国当前一般规定男子 16—60 岁、女子 16—55 岁的人口为劳动适龄人口。

（二）劳动力成本

劳动力成本是指用人单位因雇佣社会劳动力而支付的费用及资金等。劳动力成本的范围大于工资，不仅包括以货币形式支付给劳动者的工资，还包括以物质或非物质形式发放的福利，如发放实物福利、给予社会保障、提供培训机会等。劳动力成本是劳动者所有报酬的总和。

（三）劳动力结构

劳动力结构指的是劳动就业人口在不同产业中的分布，即不同产业的劳动就业人口在总劳动就业人口中所占的比重。劳动力结构是综合反映社会经济面貌的一项重要指标，也是决定经济发展的一个重要因素。劳动力结构的合理化，是国民经济健康发展的必要条件。与之对应的概念是劳动力结构性短缺，是指某个时间段内某个行业或者某个领域的劳动力需求无法供应。例如近些年，随着电子信息技术的崛起，网络通信和电子竞技等新兴行业的建立急需大批该领域的劳动力，但相关行业的劳动力培养需要时间和过程，这就造成了新兴行业的劳动力结构性短缺。

二、劳动者

劳动者是指达到法定年龄、具有劳动能力，以从事某种社会劳动获得收入为主要生活来源，依据法律或合同的规定，在用人单位的管理下从事劳动并获取劳动报酬的自然人。通俗地说，即"合法走上工作岗位的人"。劳动者的主体资格开始于劳动者最低用工年龄（除特种工作外为 16 周岁），终止于法定退休年龄。

马克思在《资本论》中指出："我们把劳动力或劳动能力，理解为一个人的身体即活的人体中存在的、每当他生产某种使用价值时就运用的体力和智力的总和。"因此，劳动者可分为体力劳动者和脑力劳动者。体力劳动者可以具象为从事以消耗体力为主的工作的劳动者，他们通常不担任管理岗位，主要分布在工业、农业、建筑、交通运输等以体力劳动付出为主的行业。脑力劳动者可以具象为从事以输出知识、技能为主的工作的劳动者，他们通常具有一定科学文化水平、专业技术知识与技能，并以此进行劳动活动，如管理人员、科研工作者、教育工作者等。脑力劳动是一种质量较高的复杂劳动，单凭劳动者的传统经验无法完成，必须具有丰富的文化科学知识才能进行。所以，这种复杂劳动能力的获得需要较长时间的学习和积累。

三、生产关系与劳动

生产力是指具有劳动能力的人和生产资料相结合而形成的改造自然的能力，即人类创造新财富的能力，是社会发展的内在动力基础。所以，生产力就是人类实际进行生产活动的能力，也是具体劳动产出的能力。

（一）生产力、生产关系与劳动的定义联系

构成生产力的基本要素是以生产工具为主的劳动资料、引入生产过程的劳动对象及具有一定劳动能力的劳动者。它是社会发展的内在动力基础。

生产关系指的是人们在物质资料生产过程中结成的相互关系。它的具体内容包括人们在物质资料生产、交换、分配、消费等方面的关系。

生产关系包括生产资料所有制形式、劳动者在生产中的地位及其相互关系和产品分配方式3部分内容。生产资料所有制是生产关系的基础，一定的生产资料所有制形式决定了人们在生产中的地位和相互关系、产品分配和消费关系等。

（二）生产力、生产关系与劳动的内在联系

在生产劳动中，生产力是内容，较为活跃；生产关系是形式，相对稳定。根据内容与形式的辩证关系：内容决定形式，形式反作用于内容。生产力与生产关系之间也是生产力决定生产关系，而生产关系反作用于生产力的关系，这种关系是对立统一关系的进一步展开和具体化。劳动作为生产力的具象行为，与生产关系在定义上有部分重合。

1. 生产力决定生产关系

生产力的性质、水平和发展要求决定了生产关系的性质、状况和形式。通俗地说，就是有什么样的生产力，就会有什么样的生产关系。生产力的性质和水平决定了与之相适应的生产关系的性质和具体形式，每一种现实的生产关系都是建立在一定性质和水平的生产力基础之上的。马克思指出："手推磨产生的是封建主的社会，蒸汽磨产生的是工业资本

家的社会。"所以，在生产劳动中，生产力既是决定的因素又是变革的因素，整个社会生产方式的变化总是从生产力的变化和发展开始的。

随着生产力的发展，现有的由它建立并同它相适应的生产关系会变得愈发不能适应，以至于不能继续保持其稳定不变的状态。在这种情况下，生产关系就不得不进行变革，以维持它的存在。当原来的生产关系已经完全不能适应生产力继续发展的客观要求时，就必须进行全面的变革，以适合生产力发展状况的生产关系代替已经丧失存在价值的生产关系。

2. 生产关系对生产力具有能动的反作用，与劳动力强相关

生产关系对生产力的反作用表现在以下两个方面。

（1）生产关系同生产力的发展要求相符合时，生产关系有力地推动了生产力的发展。它为生产力诸要素的结合提供了较为稳定的形式，从而把潜在的、可能的生产力变为现实的生产力，能够较为充分地调动生产力中的积极因素，使其发挥作用。同时，适合的生产关系也为生产力的发展提供了更广阔的空间，从而使生产力的进一步发展有了余地。

（2）当生产关系不符合生产力发展要求时，生产关系就会阻碍生产力的发展。当生产关系落后于生产力的状况及其发展要求时，它便无法为生产力提供足够的发展空间，反而会因与生产力的不相符而对生产力的发展起到制约和阻碍的影响。因此，生产力推动生产关系的改变可以被称为"变革"。

第二节　劳动与人力资本

人力资本是一种非物质资本，是指体现在劳动者身上、能为其带来收入的能力。它是通过投资形成的，在一定时期主要表现为劳动者所拥有的知识、技能、智力和健康状况。人力资本是其内在因素劳动力和其外在因素投资的统一体，存在于人体内的劳动力是其内核和自然基础，投资是其外在约束。

之所以将知识、技能、智力和健康等要素当作资本，是因为它们同物质资本一样，其形成和维持都需要花费一定的成本，这些费用的支出是为了将来获得收益，而且这些要素具有稀缺性和生产性，可以提高生产效率、增加国民财富、提高个人收入水平。

一、人力资本的特性

人力资本同样具有数量和质量的规定，通常根据社会或社会经济组织中的劳动力人数确定其人力资本的数量规模，根据劳动者个人素质和能力水平确定其所具有的人力资本质量。与物质资本相比较，人力资本具有以下特性。

（一）人力资本是凝聚在劳动者身上的生产能力

人是人力资本的天然载体，人力资本所包含的知识、技能、智力、经验、熟练程度表现出的生产能力。它以劳动者的生命存在和健康状况良好为基础，劳动者的生命消亡，人力资本也随之消失。

（二）人力资本的所有权不能转让或继承

人力资本与其所有者是不可分割的，人力资本所包含的知识、技能、智力、经验、熟练程度所表现出的生产能力永远凝聚在所有者身上，无法转让或被他人继承。

以上两个人力资本的特征决定了人力资本的价值不能像物质资本那样可以以货币计量，只能在动态（人力资本）的使用中，通过对劳动者的工作绩效进行评价加以确定。

（三）人力资本具有时效性

一方面，人力资本会随人自身生命的有限性而流逝，如不及时利用就会被浪费；另一方面，在科技发展更新越来越快的时代，人力资本必须随时代的发展而不断更新，否则就会贬值，甚至失效。

（四）人力资本具有累积性

物质资本会因出现有形和无形的磨损而失去效能，而人力资本随着使用次数的增加不仅不会被消耗，还会不断地被累积增加，因为构成人力资本的知识、技能、智力、经验、熟练程度等要素都具有随使用的增加而水平不断提高的特性，只要及时更新必要的知识和技能，人力资本使用的过程才是不断增加累积的过程。

（五）人力资本具有潜在的创造性

构成人力资本的诸要素是人能够成为生产力的根本性要素，劳动者探索世界、发现财富、创造财富都是对这些要素的运用。从这个意义上说，人的创造能力就是凝聚于人体中的人力资本的特质。因此，人力资本是最具活力的资本，对社会发展具有无限的、潜在的创造性推动作用。

（六）人力资本的收益特点

（1）收益的迟效性是指人力资本的投资不是当时就能获益，而是要通过一定时期的学习，劳动者的知识、技能、经验等不断积累，达到一定的水平和标准后，才能发挥生产性作用，产生收益。

（2）收益的递增性是指人力资本使用所带来的收益呈不断增加的趋势，这是由人力资本具有累积性和富于创造性决定的。

（3）收益的长期性是指人力资本一旦发挥效能，就会在相当长的时期内不断产生收益，对于劳动者个人来说甚至是终身受益。而且，人力资本具有创造性特质，如创造科技发明和取得创新成果，其为社会带来的收益往往超过劳动者个体的有生之年，将延续更长时间。

（4）收益的多面性是指人力资本的运用不仅会带来经济收益的提高，还会带来社会、文化等多方面的收益。

二、人力资本的类型

人力资本表现为劳动者所拥有的知识、技术、智力、经验、熟练程度等能力，不同的劳动者因其在这些方面存在着差异，使人力资本具有层次性。美国著名经济学家西奥多·舒尔茨曾经划分了5类具有经济价值的能力——学习能力、完成有意义工作的能力、进行各类文艺体育的能力、创造力、应对非均衡的能力，并以此作为人力资本分类的标准。

如果从企业的角度考察人力资本，可以将人力资本划分为以下4个类型。

（1）技能型人力资本。技能型人力资本是指具有某种操作知识和技能，能通过这些知识和技能的合理应用完成特定体力活动的人力资本，如各类操作人员。

（2）技术型人力资本。技术型人力资本是指具有某方面特殊知识和专长，能在特定领域运用这些知识和专长进行创新活动的人力资本，如各类技术人员。

（3）管理型人力资本。管理型人力资本是指具有较广阔的知识面，能组织、指导、协调他人从事某些活动的人力资本，如各类管理人员。

（4）经营型人力资本。经营型人力资本是指具有广博的知识和学习创新能力，能通过判断对各类资源进行优化配置的人力资本，如各类经理人员和企业家。

三、人力资本投资

美国著名经济学家、社会学家、诺贝尔经济学奖得主加里·贝克尔认为，通过增加人的资源影响未来的货币和物质收入的各种活动，均可以被视为人力资本投资。人力资本投资是指通过对人的投资，增强人的生产与收入能力的一切活动。一般而言，劳动力素质结构中的知识存量、技能状况、生理与心理健康状况都构成人力资本的实体，所以凡是有利于形成和增强劳动力素质结构的行为、费用，以及有利于改善和提高人力资本利用效率的行为、费用都属于人力资本投资的范畴。

通常，人力资本投资主要有以下4个形式。

（一）正规教育

教育投资是人力资本投资中最重要的形式，包括学前教育和小学、中学、大学等正规教育的费用支出。无论投资主体是政府、社会组织、劳动者个人还是其家庭，其用于正规教育的费用均属于人力资本投资。浙江大学钱雪亚教授的研究表明，教育投入在全部人力资本投资中的比重为72％—73％。

不同阶段的教育目标是有差异的：初等教育和中等教育是培养和发展人的一般认识能力，为其他教育打好基础；高等教育是专业性教育，其主要目标是传授、探索和发展社会已有的文化科学成就，解决对自然、社会、思维发展规律的认识。通过对普通教育的投资，增加了人力资本的知识存量，表现为"教育学历"。一般用学历衡量人力资本的知识存量，如依据劳动者接受学校教育的年限、劳动者学历构成，判断和比较一个国家或地区、家庭、劳动者个人在某一时期的人力资本存量。

（二）职业技术培训

职业技术培训投资是指人们在接受正规教育后，为获得并发展从事某种职业所需要的知识、技能和技巧所发生的额外投资支出。职业技术培训的主要目标是直接训练和发展人的任职能力，侧重人力资本构成中的职业、专业知识和技能，主要表现为人力资本的专业技术等级。通过了解职业技术培训的规模和人力资源的专业技术等级及结构状况，可以衡量比较一个国家或地区在某一时期内人力资本的规模。

（三）健康保健

用于健康保健、增强体质的费用也是人力资本投资的主要形式，包括劳动者的营养、衣着、住房、医疗保健、自我照顾、锻炼和娱乐等费用支出，它可以由"健康时间"或者由工作、闲暇活动、消费的"无病时间"构成。这方面投资的效果主要表现为人口预期寿命的提高及死亡率的下降。

作为人力资本的载体，人们的健康状况是各种人力资本借以发挥作用的基础，平均寿命的高低直接决定着各种形式投资的收益和这些人力资本存量的价值。健康状况的改善和平均寿命的提高，意味着劳动者生产力的提高，人们将有更多的时间和更充沛的精力、体力从事生产活动，减少了因生病造成的工时损失。这些对于社会的经济发展具有极其重要的作用，因此许多国家都把医疗保健投资制定为一项基本国策，家庭和个人也日益重视对医疗保健的投入并成为消费支出的主要组成部分。

（四）劳动力流动

劳动力流动是指劳动力资源在空间上的迁移，根据活动范围可分为国内流动和国际流动两种。劳动力流动费用本身并不能直接形成或增加人力资本存量，但通过合理流动，在宏观上可以实现人力资本的优化配置，调整人力资本分布上的稀缺程度；在微观上可以使个人的人力资本得到最有效率的使用，进而提高收入水平，所以劳动力流动是实现人力资本价值和增值的必要条件。

目前的劳动力流动日益频繁，流动者大都接受过较好的教育，他们身上凝聚了较高的人力资本存量，因此对流出地是人力资本的损失，对流入地却是人力资本的增加。对于发展中国家和欠发达国家，如何减少人才流出、吸引外部人才流入，是重要的现实问题。另外，企业为获取劳动力市场的工资和就业信息、为招聘雇员所花费的费用也可以被视为人力资本投资。

第三节 劳动与工资收入

工资在现代人的经济生活中占有重要的地位，按照国际劳工组织的统计，以工资为主要收入来源的雇佣劳动力数量，在工业化和后工业化的国家中已占到 60%—70%。我国以雇佣劳动报酬为主要形式的劳动力数量已成为主体，而且随着工业化和市场化的推进，雇佣劳动的比重将日趋上升，工资所占比重，即雇佣劳动报酬占国民收入的比重也不断上升，越来越显示出工资的重要地位。

一、工资的形式

根据不同的划分标准，工资的形式主要有以下 3 种。

（一）实物工资和货币工资

实物工资，是指用人单位以实物形态计算和支付给劳动者的劳动报酬；货币工资，是指用人单位以货币形态计算和支付给劳动者的劳动报酬，其主要与货币工资率、工作时间长度和相关的工资制度安排有关。以实物形式支付工资盛行于市场经济不发达的社会，现代社会一般都以货币形式支付工资，但是也有一些用人单位存在以实物支付工资的现象。

（二）名义工资和实际工资

名义工资，是指未经价格指数修正过的货币工资；实际工资，是指经过价格指数修正的货币工资，用以表明货币工资的实际购买能力，较名义工资更能确切地反映员工的工资水平及其生活质量。

（三）广义工资和狭义工资

广义工资，是指劳动者因从事劳动而获得的报酬收入，包括固定工资、奖金、津贴及其他货币或者非货币形式的福利收入。企业关心的是劳动的总成本，个人关心的是总收入，因此将工资与其他内容严格区分的意义不大。狭义工资，是指员工因从事雇佣劳动而获得的仅限于固定货币报酬部分的收入，不包括奖金、津贴，更不包括其他福利性收入。狭义工资对于薪酬设计有着重要的意义，因为就不同的部分而言，不同类型和不同职位的员工其薪酬结构有所不同、在组织中如何借助薪酬结构设计解决员工的行为导向，是薪酬设计的关键问题。

二、工资的职能

工资除了作为劳动者报酬的职能外，还有以下 4 种职能。

（一）补偿职能

劳动者在劳动的过程中体力和脑力的消耗必须得到补偿，这样劳动力再生产才能得到保证，劳动才能继续。同时，在知识经济时代，劳动者需要不断提高自身的科学文化素质，进行人力资本投资。这些人力资本投资的费用也必须得到补偿，否则就没人愿意提高人力资本质量，劳动力素质也难以得到提高，从而影响企业，甚至影响整个社会经济的发展。在市场经济条件下，以上两个方面的费用不可能完全由社会承担，有相当的部分需要通过个人的劳动报酬承担。因此，劳动者提供劳动得到工资，以工资换取物质文化生活资料，以保证对劳动力消费与劳动力生产费用支出的补偿。

（二）激励职能

劳动是当代人类谋生的主要手段，物质利益是满足人们生活需求的主要手段，同时也是满足人们心理需求、社会需求的经济基础。劳动者工资的多少决定了他们的生活水平、社会地位及社会需求的满足程度。劳动者为了获得更多的收入，必须尽量提供数量多、质量高的劳动。只有把工资多少和劳动者的劳动好坏、技术高低、成果多寡紧密地联系起来，才能充分地发挥工资的激励作用，从而促进社会经济发展。

（三）调节职能

工资作为劳动力的价格信号，调节着劳动力的供求关系和劳动力的流向。工资的调节职能主要表现在两个方面：劳动力的合理配置和劳动力素质结构的合理调整。当某一地区、部门、职业或工种的劳动力供不应求时，工资就会上升，从而促使劳动力从其他地区、部门、职业或工种向紧缺的地方流动，使劳动力供给增加并逐步趋向平衡；反之亦然。工资的调节不仅可以实现劳动力资源的优化配置，也调节着人们对职业和工种的社会评价，调节着人们择业的愿望和就业流动方向。

（四）效益职能

工资的投入是资本投入的特定形式，是劳动力这一生产要素的货币表现。由于工资能够给雇主带来一定的经济效益，因此雇主愿意以工资的形式进行投资，并从中获利。如果雇主投入的工资货币量与其从职工的劳动中所得的价值是相等的，则雇主就不愿意再投资，就一定会停止雇佣劳动者。因此，从雇主的角度看，工资具有效益职能，是其投资的动力。

三、工资制度

在组织内部，如何通过薪酬的科学设计及通过制定有竞争力的薪酬水平，调动劳动者的劳动积极性，促进企业生产经营水平和经济效益的不断提高，也是现代劳动经济学理论关注的重点。目前存在两种最常用的工资制度：计时工资制和计件工资制。

（一）计时工资制

按照劳动者的技术熟练程度、劳动繁重程度，或是由此确定的劳动者技术等级，以及岗位或职务等级等因素预先确定工资标准，并根据其实际有效工作时间计量与支付工资的形式被称为计时工资制。计时工资制是最基本的工资形式之一，其优点如下。

（1）劳动者的工资取决于本人的工资标准和有效工作时间，企业易于计算人工成本。

（2）测量要素稳定、标准固定统一，便于计算、易于管理，而且具有相当的稳定性。

（3）劳动者的工资差异主要取决于劳动者的技术水平、岗位或职务的标准，因此有利于促进劳动者努力提高技术水平、业务水平。

（4）劳动者收入稳定，可专心提高产品质量，不至于出现粗制滥造现象。

但是，计时工资制也存在一些缺点：缺乏激励作用；工资调整较难，工资等级与工资标准一旦确定后，就具有相对稳定性，无法随劳动者的能力与生产状况的改变而及时调整。

（二）计件工资制

按照劳动者生产合格产品的数量，以及预先规定的计件价格计算劳动者的劳动量并支付劳动报酬的工资形式，被称为计件工资制。在具体实施过程中，企业可根据自身经营特点选择计件工资制的具体方式，目前我国主要采用以下几种。

（1）无限计件工资制和有限计件工资制。无限计件工资制，是指不论劳动者完成或超额完成多少劳动定额，都按同一计件单价计发工资；有限计件工资制，是指对劳动者在单位时间内的工作量加以限制，包括低量限制和高量限制。其中，低量限制是指一定时间内必须达到一定产量才能发放计件工资，采用这种方法是为了让员工完成工作任务；高量限制是指为了保障工资水平和劳动成果的质量，一定时间内不能超过的定额产量。

（2）分阶段计件工资制和差额单价计件工资制。分阶段计件工资制，是指将劳动者的产品或工作量分成定额内及定额外两个部分，分别计发工资，其中定额内工作量按计时工资标准发放，定额外工作量按计件工资标准发放；差额单价计件工资制，是指将劳动者产量分成计件单价不同的几个部分，以一定的差额比例规定不同的计件单价，分别计算计件工资额后，再计算计件工资总额。

（3）全收入计件工资制和间接计件工资制。全收入计件工资制，是指将除工资性津贴和补贴以外的其他工资总额都以计件工资形式分配工资的方式；间接计件工资制，是指对一些辅助劳动者的计件工资量不能直接反映，需要通过被辅助劳动者的工作量间接反映，并据以计发工资的形式。采用间接计件工资的目的是促使辅助劳动者关心实行计件工资劳动者的产量，提高其服务和协作意识。

（4）最终产品计件工资制。这是一种采用集体计件方式的计件工资形式，即根据该生产集体完成的最终产品数量和预先确定的计件单价计算工资总额，然后在生产集体内部进行分配。

与其他工资制相比，计件工资的优点有：充分地体现按劳分配的原则，将劳动成果与劳动报酬紧密联系在一起，能够直接和准确地反映劳动的数量和质量；便于工资管理，劳动成果和劳动报酬的计算和分配程序简化、透明公正，减少劳动者在工资分配差距上的矛盾，监督管理成本较低；实行计件工资制对劳动者具有强烈的物质激励作用，将会大大调动他们的生产积极性，效果明显。但是，计件工资也存在产品质量不易保证，不利于培养团队精神和企业文化的缺点。

因此，计件工资适用范围包括：工作性质机械化、自动化水平低，尤其是纯手工操作的生产条件企业；工作产品数量能够单独准确统计，并反映劳动者劳动数量和质量的企业；生产过程持续而稳定，实行大批量生产的企业。

计件工资制可以保证劳动者对生产工艺的掌握，也可以使劳动定额、计件单价等条件相对稳定。有研究表明，实现计件工资的劳动者可比领取小时工资的劳动者多获取10%—15%的收入。

本章思考

你认为自己走向职场后的收入应该是多少？怎样才能提高自己的收入呢？

第八章 劳动与社会保障

小明的工伤保险

　　小明是单位的采购员，一日在外出采购途中发生交通事故，自己所开的车辆被撞，致使胳膊及背部出现大面积软组织挫伤。肇事司机与小明商定"私了"，由其赔付小明医疗费、误工费、陪护费等1万元。小明并未将交通事故向单位报告，随后申请了1个月病假。单位同意了他的病假，并按照员工请假规定发放基本工资。1个月后，小明发现自己被撞后还有一些后遗症，遂向单位申请工伤赔偿、医疗费用等。但单位认为小明并未及时报告受伤情节，且已与肇事司机商定了赔付，单位不便再认定其工伤保险待遇。双方争执无果后向法院提出诉讼。

（资料来源：作者根据相关资料整理）

探索与思考

1. 小明最终能够获得工伤保险待遇吗？
2. 单位为什么拒绝小明的工伤保险赔偿请求？

　　社会保障是伴随着劳动者整个生命周期的制度体系。在参与经济活动、参加社会生活的过程中，劳动者免不了遭遇各种社会风险。社会保障通过增加收入、减少支出或直接提供特定公共服务等方式，帮助那些遭遇风险的劳动者化解生活困境，为其提供相对稳定的安全预期。也就是说，无论劳动者在市场竞争中成败如何，都有一张由各种社会保障项目编织成的安全网为他们兜住民生底线。

第一节　中国劳动社会保障事业发展成就

　　社会保障（图8-1）是由国家依法建立的、具有经济福利性质的国民生活保障系统。

在中国，社会保障以社会救助、社会保险、社会福利为基础，以基本养老保险、基本医疗保险、最低生活保障制度为重点，以优抚安置制度为特殊组成部分，以慈善事业、商业保险等为补充保障，是保障人民生活、调节收入分配的一项基本制度。

图 8-1　社会保障是保障人民生活的一项基本制度

党的二十大报告提出，社会保障体系是人民生活的安全网和社会运行的稳定器。要健全覆盖全民、统筹城乡、公平统一、安全规范、可持续的多层次社会保障体系。完善基本养老保险全国统筹制度，发展多层次、多支柱养老保险体系。实施渐进式延迟法定退休年龄。扩大社会保险覆盖面，健全基本养老、基本医疗保险筹资和待遇调整机制，推动基本医疗保险、失业保险、工伤保险省级统筹。促进多层次医疗保障有序衔接，完善大病保险和医疗救助制度，落实异地就医结算，建立长期护理保险制度，积极发展商业医疗保险。加快完善全国统一的社会保险公共服务平台。健全社保基金保值增值和安全监管体系。健全分层分类的社会救助体系。坚持男女平等基本国策，保障妇女儿童合法权益。完善残疾人社会保障制度和关爱服务体系，促进残疾人事业全面发展。

从项目结构上看，中国的社会保障由一个庞大的制度体系组成。在不同的项目之下，还可以划分出不同功能或不同定位的子项目，如社会救助制度中除最低生活保障之外，还设立了灾害救助、医疗救助、失业救助等专项救助；而社会保险制度中则包含了养老、医疗、生育、工伤和失业五大传统险种。目前，有些地区在开展第六险种，即长期护理保险的试点。

社会救助、社会保险和社会福利的功能定位不同，应对着不同类型的社会风险。例如，社会救助主要防范的是全体国民的生存危机，保障水平相对而言比较低。社会保险主要防范的是劳动者遭遇年老、疾病、生育、工伤、失业，甚至失去自理能力时，收入降低或支出增加的风险。一般而言，其保障水平与劳动者在职时的工资水平有一定的联系。社会福利主要防范的是社会排斥的风险，即因缺乏特定的社会服务或设施而无法有效参与社会活动的风险。这类社会保障项目具有较强的普惠特征，往往由公共财政直接提供或购买服务，而与劳动者的收入水平关联性较弱。例如，即使是收入水平中等偏上的劳动者，在照顾残障或失能的家庭成员时，或者在适逢怀孕、遭遇工伤时，也需要坡道、电梯等无障碍设施，才能更好地参加各类社会活动和劳动。

　　党的十八大以来，我国建成了世界上规模最大的社会保障体系，覆盖十几亿人口，发挥着维护国家长治久安、人民世代福祉，解除人民生活后顾之忧，促进社会公正与和谐的重大作用。截至 2022 年末，我国基本养老保险参保人数达 10.5 亿人，覆盖率为 80%，基本医疗保险参保人数达 13.5 亿人，覆盖率 95%。国际社会保障协会（ISSA）曾于 2016 年 11 月将"社会保障杰出成就奖"授予中国政府，褒奖中国"在社会保障扩面工作方面取得了举世无双的成就"。中国特色社会主义制度具有显著优势，这是我国社会保障制度得以快速发展、惠及全民的根本原因。社会保障是保障人民生活、调节社会分配、促进社会公正的一项基本制度。完善覆盖全民的社会保障体系，是坚持和完善中国特色社会主义制度的题中应有之义，是使发展成果更多、更公平地惠及全体国民，朝着共同富裕方向稳步前进的必然要求。坚持走中国特色社会主义道路，我国社会保障水平就会随着经济发展而逐步提高，社会保障体系建设也会向着逐步完善、惠及全民的方向坚定前进。

第二节　社会保障的功能和作用

　　自古以来，劳动者在劳动过程中就面临着危害程度、性质、范围等不同的劳动风险。进入工业社会以后，在社会大分工和机械化大生产的条件下，劳动者所面临的主要风险逐渐从偶发性向系统性转变。工业社会的出现不仅直接增加了劳动者的职业伤害风险与失业风险，而且使得在传统农业社会里被视为个人风险的医疗、养老等演变成群体性的社会风险。依靠个人、家庭或市场机制，已经很难有效应对这些社会问题。以养老为例，在过去劳动者退出劳动市场后，在三代同堂或四代同堂的传统家庭结构里，一般由家庭成员为其提供生计来源和照顾服务，也就是所谓的"养儿防老"。但在工业化社会，人口结构的少子化、高龄化，以分工协作为基本特征的社会化大生产及城市化进程带来的人口大规模流动等诸多因素，使得家庭对劳动能力下降乃至消失的老人的保障作用日益下降，不得不依靠其他形式对此予以补充和支持。市场机制是补充个人和家庭保障能力弱化的途径之一，但是单凭市场机制也无法应对所有的社会风险。例如，失业风险是进入工业化社会才涌现的社会风险之一，但是对营利性商业保险公司而言，几乎没有商业保险公司会推出面向普罗大众的失业保险，失业风险往往只能由社会保障体系应对，以保障失业者的基本生活需要。到 2020 年底，我国失业保险覆盖 21 689 万人，全年共为 515 万名失业人员发放了不同期限的失业保险金，失业保险金人均每月 1 506 元。此外，失业保险基金还向 762 万人发放失业补助金，全年共为领取失业保险金人员代缴基本医疗保险 97 亿元，发放稳岗返还资金惠及 15 596 万人，发放技能提升补贴惠及 172 万人。通过向失业者提供失业保险金、失业救助、技能提升补贴及代缴基本医疗保险费，向符合相关条件的企业发放稳岗返还资金等方式，由失业引起的劳动者收入下降、市场消费短缺及就业岗位减少等社会问题得到一定程度的缓解。

社会保障以共建共治共享的方式，应对和化解劳动者一生中可能面临的各种风险。作为一种社会化的风险应对机制，社会保障的筹资机制和权利实现方式均由多方主体共同参与，从而极大地增强了这一制度的可靠性。

以社会保险为例，筹资机制的社会化意味着在初次分配时注重效率的基础上，社会保障能够通过国家、用人单位、劳动者等多种主体以单独或共同筹资的方式进行转移支付、财富再分配，从而在一定程度上调节劳资关系，防止贫富差距扩大。社会保险由劳资双方共同出资形成基金，并以此作为社会保险制度顺利运转的物质保障。当出现资金缺口时，各级财政予以补贴、调剂或转移支付。此外，包括我国在内的许多国家和地区还建立了社会保障战略储备基金（如我国的全国社会保障基金理事会管理的全国社会保障基金），用于填补因人口老龄化出现的资金缺口，保障制度的长效有序运行。由劳资双方共同缴费，国家、用人单位和劳动者共同承担筹资责任，是这一风险应对机制社会化的首要表现。

以医疗保险基金为例，目前许多省份已经建立了一个或多个医药集中采购平台，而医疗保险基金作为包括劳动者在内的广大参保人的利益代表，能够深入参与药品和耗材的生产、招标、质检、销售等环节，使"带量采购"等药品和耗材生产流通领域的体制机制创新不断深入推进，使劳动者用上质优价廉的药品，从而促进了劳动者健康权的实现。

劳动者与社会保障有着天然的密切联系，是因为它具有的经济福利性。所谓经济福利性，即所得大于所费，这是劳动者与社会保障形成紧密关系的重要经济基础。首先，多数社会救助、社会福利项目无须劳动者缴费，满足条件即可享受相关待遇。其次，社会保险原则上主要由建立了正式劳动关系的劳资双方共同出资缴费，政府财政收入对社会保险基金进行补贴，形成社会保险制度的物质基础。最后，在需要由劳动者缴费的社会保险项目中，劳动者的缴费比例远远低于用人单位的缴费比例，部分险种甚至无须劳动者缴费。

以城镇职工基本养老保险为例，用人单位的费率约为 20%，劳动者个人的缴费比例为 8%，缴满 15 年后，劳动者退休时可以获得退休金且定期调整，从而使其能够在一定程度上应对通货膨胀。根据人力资源和社会保障部、财政部《关于 2019 年调整退休人员基本养老金的通知》（人社部发〔2019〕24 号），2019 年企业和机关事业单位退休人员基本养老金月人均水平总体调整幅度为 5%。以北京市的养老金待遇为例，调整后，北京市企业退休人员基本养老金待遇平均每月提高 220 元，每月人均养老金待遇水平约为 4 100 元。

通过养老金的计发公式可以发现，职工基本养老金的水平考虑了以下因素：①缴费年限；②退休时的社会平均工资；③职工本人的终身缴费基数与缴费时社会平均工资之间的比例关系。这些都体现了多缴多得的原则，即缴费年限越长，退休时的社会平均工资越高，职工本人的终身缴费基数越高，则退休时的养老金越高。以上资金以"现收现付"的财务机制实现精算平衡，即收取正在参加工作的劳动者及其单位缴纳的保险费后，立即用于支付已经退休的劳动者的退休金。

第三节　"五险一金"制度

目前我国与劳动者关系最为密切的社会保障项目当属"五险一金"。"五险一金"是对用人单位给予劳动者的若干种保障性待遇的统称，包括基本养老保险、基本医疗保险、生育保险、工伤保险、失业保险；"一金"是指住房公积金。"五险一金"构成了我国与劳动者关系最密切的社会保障项目，其与社会救助、社会福利及其他补充性保障项目共同构成了有中国特色的社会保障体系。

一、基本养老保险

基本养老保险是指国家依法为保障劳动者在达到法律规定的解除劳动义务的年龄，或因年老丧失劳动能力而退出劳动岗位后的基本生活所建立的一种社会保险制度。目前我国的基本养老保险制度由城镇职工基本养老保险制度、城镇居民社会养老保险制度、新型农村社会养老保险制度和公务员养老保险制度构成。

城镇职工基本养老保险主要覆盖那些与用人单位建立了劳动关系的劳动者。根据《2022年度人力资源和社会保障事业发展统计公报》，2022年末我国参加基本养老保险的人数为10.3亿人，其中参加城镇职工基本养老保险的人数为4.2亿人。

城镇职工基本养老保险实行社会统筹与个人账户相结合的筹资机制，原则上由用人单位和参保职工共同缴纳保险费，其中单位缴费进入社会统筹账户，作为劳动者退休后基础养老金权益的计算依据，而职工的个人缴费则进入个人账户，作为劳动者未来个人账户权益的计算依据。

参加城镇职工基本养老保险的劳动者，达到法定退休年龄时累计缴费满15年的，按月领取基本养老金，达到法定退休年龄时累计缴费不足15年的，可以逐年补缴至满15年后，按月领取基本养老金，也可以转入城乡居民社会养老保险，按照国务院规定享受相应的养老保险待遇。此外，因病或非因工死亡的，其遗属可以领取丧葬补助金和抚恤金；在未达到法定退休年龄时因病或非因工致残完全丧失劳动能力的，可以领取病残津贴。

国家建立基本养老保险正常调整机制，根据职工平均工资增长、物价上涨情况，适时提高基本养老保险待遇水平。劳动者跨统筹地区就业的，其基本养老保险关系随本人转移，缴费年限累计计算。劳动者达到法定退休年龄时，基本养老金分段计算、统一支付。

二、基本医疗保险

基本医疗保险是为了补偿劳动者因疾病风险造成的经济损失而建立的一项社会保险制度。目前，我国基本医疗保险由城镇职工基本医疗保险、城镇居民基本医疗保险、新型农村合作医疗、城乡医疗救助制度构成。

劳动者应当参加职工基本医疗保险，由用人单位和职工按照国家规定共同缴纳基本医疗保险费。无雇工的个体工商户、未在用人单位参加职工基本医疗保险的，非全日制从业人员及其他灵活就业人员可以参加职工基本医疗保险，由个人按照国家规定缴纳基本医疗保险费。

基本医疗保险费的缴费政策各统筹地区并不统一。如北京市规定，劳动者按照缴费基数的 2% 缴纳，缴纳金额存入个人医疗保险账户；用人单位按照缴费基数的 9% 缴纳，缴纳金额部分存入社保医疗统筹基金账户，部分存入个人账户。职工自批准法定退休的次月起，个人不再缴纳基本医疗保险费。

基本医疗保险的权益主要受"两定点三目录"和"统筹基金支付三条线"的规制。一方面，符合基本医疗保险药品目录、诊疗项目、医疗服务设施标准及急诊、抢救的医疗费用，按照国家规定从基本医疗保险基金中支付；另一方面，参保人员医疗费用中应当由基本医疗保险基金支付的部分，由社会保险经办机构与医疗机构、药品经营单位直接结算。

三、生育保险

所谓生育保险，是指通过国家立法规定，在劳动者因生育子女而导致劳动能力暂时中断时，由国家和社会及时给予物质帮助的一项社会保险制度。生育保险的待遇包括：职工（含男职工未就业配偶）生育医疗费用、产假、生育津贴。其中，生育医疗费用包括职工因怀孕、生育发生的检查费、住院费、医药费和计划生育手术费等。女职工产假期间的生育津贴，按照女职工所在用人单位上年度职工月平均工资计发。生育津贴低于本人工资标准的，差额部分由企业补足。

四、工伤保险

工伤保险是指劳动者在工作中或在规定的某些情形下因遭受意外伤害、罹患职业病而暂时或永久丧失劳动能力及死亡时，劳动者或其遗属从国家和社会获得物质帮助的一种社会保险制度。在工伤认定方面，《工伤保险条例》规定了应当认定为工伤的 7 种情形和 3 种视同工伤的情形，并且明文规定了不得认定为工伤的 3 种情形；工伤保险待遇包括医疗待遇、工资待遇、伤残待遇和工亡抚恤补助。与基本医疗保险相比，工伤保险不仅解决了劳动者工伤期间的医疗费用问题，而且还会提供包括工资、抚恤、康复等方面的权益。

一般而言，工伤保险待遇要优于基本医疗保险待遇，如报销比例较高、支付时间较长等，这是因为职业伤害或职业病与劳动生产有着直接的关系，带有更强的补偿性质。在进行工伤认定和工伤医疗后，如果劳动者在工伤中遭受伤残事件，损失全部或部分劳动能力，还应该进行劳动能力鉴定，然后才能享受相关待遇。

五、失业保险

失业保险是指国家依法强制实行的，由用人单位、职工个人缴费及国家财政补贴等渠道筹集资金建立失业保险基金，对因失业而暂时中断生活来源的劳动者提供物质帮助以保障其基本生活，并通过就业培训、职业介绍等手段为其再就业创造条件的制度。失业保险费由用人单位和职工按照国家规定共同缴纳。依据1999年颁布的《失业保险条例》的规定，城镇企业事业单位按照本单位工资总额的2%缴纳失业保险费。城镇企业事业单位职工按照本人工资的1%缴纳失业保险费。从2016年5月1日起，失业保险总费率在2015年已降低1个百分点的基础上可以阶段性降至1%—1.5%，其中个人费率不超过0.5%，降低费率的期限暂按两年执行。2017年11月10日，人力资源和社会保障部就《失业保险条例（修订草案征求意见稿）》向社会公开征求意见，征求意见稿中规定失业保险费用人单位和职工的缴费比例之和不得超过2%。即使已经履行了缴费义务，劳动者如果想享受失业保险待遇，必须满足一定的条件。

首先，失业前用人单位和本人已经缴纳失业保险费满一年，这很大程度上是为了防止在临近失业前突击参保，骗取保险金。其次，非因本人意愿中断就业，这是为了防止劳动者滥用失业保险金。最后，劳动者需要进行失业登记，并且有求职要求，这一点体现了失业保险的重要功能，即通过一定期限的经济保障，维持劳动者的就业能力与意愿。正因如此，无正当理由，拒不接受当地人民政府指定部门或机构介绍的适当工作或提供的培训的，将被取消失业保险金待遇。失业保险金的标准，由省、自治区、直辖市人民政府确定，不得低于城市居民最低生活保障标准。

为了体现社会保险多缴多得、权利与义务相结合的原则，失业人员能够享受的失业保险金待遇和期限，取决于失业前用人单位和本人累计缴费时间。例如，累计缴费满1年不足5年的，领取失业保险金的期限最长为12个月；累计缴费满5年不足10年的，领取失业保险金的期限最长为18个月；累计缴费10年以上的，领取失业保险金的期限最长为24个月。重新就业后，再次失业的，缴费时间重新计算，领取失业保险金的期限与前次失业应当领取而尚未领取的失业保险金的期限合并计算，最长不超过24个月。

六、住房公积金

住房公积金是指国家机关、国有企业、城镇集体企业、外商投资企业、城镇私营企业及其他城镇企业、事业单位、民办非企业单位、社会团体及其在职职工缴存的长期住房储金。建立住房公积金制度的单位，单位和职工个人都有缴存费用的义务。职工个人缴存部分由单位代扣后，连同单位缴存部分一并存到住房公积金个人账户内，属于职工个人所有，职工个人享有住房公积金存储利息。

2005年建设部、财政部、中国人民银行印发的《关于住房公积金管理若干具体问题的指导意见》（建金管〔2005〕5号）规定，有条件的地方，城镇单位聘用进城务工人员，单位和职工可缴存住房公积金；城镇个体工商户、自由职业人员可申请缴存住房公积金，扩大了住房公积金的覆盖范围。住房公积金由职工个人缴存和职工所在单位缴存两部分组成。职工住房公积金月缴存额为职工本人住房公积金缴存基数乘以职工住房公积金缴存比例，并由所在单位每月从其工资中代扣代缴。2016年2月，中国人民银行、住房和城乡建设部、财政部印发的《关于完善职工住房公积金账户存款利率形成机制的通知》规定，自2016年2月21日起，职工住房公积金账户存款利率调整为统一按一年期定期存款基准利率执行。住房公积金是我国法定的住房保障制度，具有强制性、互助性和保障性等特点。依据目前的制度，只有在职职工才实行住房公积金制度。无工作的城镇居民、离退休职工不实行住房公积金制度。具体而言，国家机关、国有企业、城镇集体企业、外商投资企业、城镇私营企业及其他城镇企业、事业单位、民办非企业单位、社会团体等均实行住房公积金制度。上述单位逾期不缴或少缴住房公积金的，由住房公积金管理中心责令限期缴存；逾期仍不缴存的，可以申请人民法院强制执行。

单位为职工缴存的住房公积金月缴存额为职工本人住房公积金缴存基数乘以单位缴存比例。住房公积金缴存基数按职工本人上一年度月平均工资计算。月平均工资按国家统计局规定列入工资总额统计的项目计算。按照当前政策，住房公积金缴存比例下限为5%，上限由各地区按照《住房公积金管理条例》规定的程序确定，最高不得超过12%。住房公积金制度一经建立，职工在职期间必须不间断地按规定缴存，除职工离职退休或发生《住房公积金管理条例》规定的其他情形外，不得中止和中断。住房公积金应当用于职工购买、建造、翻建、大修自住住房，任何单位和个人不得挪作他用。

💡 本章思考

为什么国家会建立劳动社会保障制度？作为未来的职场人，请查阅、收集目标就业城市的最新劳动保障政策。

第九章 | 劳动与安全

安全事故案例

一、美国得克萨斯州韦科市化肥厂爆炸事故

2013 年 4 月 17 日，美国得克萨斯州韦科市韦斯特化肥厂发生爆炸，造成 15 人死亡、260 人受伤，150 多座建筑受损。爆炸产生巨大的冲击波，波及方圆 80 千米，爆炸的强度相当于 2.1 级地震。韦斯特化肥厂在事故发生时约存有 240 吨硝酸铵和 50 吨无水氨，危险品储量超过政府规定上报最低限量的 1 350 倍，企业负责人却没有按照要求向美国国土安全部上报。经调查，事故原因可能为存储间熔化的硝酸铵受热分解产生氧化气体，与浓烟混合形成爆炸蒸气云后爆炸；外墙被加热引起存储间内堆放的化肥级硝酸铵爆炸。若爆炸从存储间附近的提升机井开始，则最可能的情况为存储间墙壁倒塌后，硝酸铵与燃烧的传送带上的橡胶混合进入提升机井，爆燃后引起存储间爆炸。

二、美国得克萨斯州化肥运输船爆炸事故

1947 年 4 月 16 日，美国得克萨斯州发生了一场美国历史上最致命的工业事故：一艘装载 2 300 吨硝酸铵的船只起火爆炸，引起另一艘装载有硝酸铵和硫黄的货船在十几个小时后再次发生爆炸，共造成近 600 人死亡，超过 3 500 人受伤，参与灭火的得克萨斯市消防志愿队只有 1 人幸存，当时直接财产损失达 1 亿美元。

（资料来源：中华人民共和国应急管理部网站）

探索与思考

1. 发生安全事故的原因一般有哪些？
2. 怎样才能避免发生安全事故呢？

第一节　劳动安全观概述

从广义上讲，劳动安全是指在劳动过程中，将系统的运行状态对劳动者的生命、财产可能产生的损害控制在可接受水平以下的状态。事实上，大学生在生产场所及家庭、学校、社会生活场所中从事各类劳动所面临的安全问题是一个复杂系统，只有坚持系统观，才能正确认识劳动安全问题，树立全面、系统、科学的劳动安全观念。新时代的大学生要在劳动中增强国家安全意识、公共安全意识和职业安全意识。

一、增强国家安全意识

国家安全是指国家政权、主权、统一和领土完整、人民福祉、经济社会可持续发展和国家其他重大利益相对处于没有危险和不受内外威胁的状态，以及保障持续安全状态的能力。大学生在劳动过程中通常会接触到科技安全、网络安全、文化安全、生态安全等国家安全基本内容。在劳动中树立国家安全意识是指在劳动中履行维护国家安全、荣誉及利益等义务方面应具备的理性认知、情感态度及意志观念的总和。其主要表现为国家安全忧患意识和反间谍意识。

（一）国家安全忧患意识

2014年4月15日，习近平总书记在主持召开中央国家安全委员会第一次会议时提出，"当前我国国家安全内涵和外延比历史上任何时候都要丰富，时空领域比历史上任何时候都要宽广，内外因素比历史上任何时候都要复杂，必须坚持总体国家安全观"。在新时代，新安全观和生命观正从传统的"安全第一"上升到"生命至上"，再上升到"人民至上"。形成新时代总体国家安全观，要求大学生在从事各类劳动过程中不仅要做德智体美劳全面发展的社会主义建设者和接班人，更要居安思危，增强国家安全忧患意识，在新形势下，时刻牢记把国家的主权、利益和安全放在第一位。

（二）反间谍意识

大学生要了解有关间谍行为的基本常识，识别和洞悉各类危害国家安全的间谍行为，杜绝泄露国家秘密的间谍行为，警惕危害国家安全的特殊活动，懂得保守国家秘密的必要措施，在劳动中牢牢树立反间谍意识，学会维护国家安全，提高在劳动中维护国家安全的能力。

二、增强公共安全意识

公共安全是指社会和公民个人从事和进行正常的生活、工作、学习、娱乐和交往所需要的稳定的外部环境和秩序。大学生在劳动过程中常涉及信息安全、公共卫生安全、食品安全、出行安全、人身安全等。在劳动中树立公共安全意识是指人们在劳动过程中面对突发事件进行有效应急准备和应对所必备的心理素质。其主要表现为公共安全认知、态度和行动三个层面。

（一）公共安全认知

公共安全认知是指对公共安全知识、经验等方面具体内容的认识、理解与掌握程度。对信息安全、消防安全（图9-1）、食品安全等公共安全事故的预防、应急等基本知识的了解，对各类公共安全突发事件及突发事件可控程度和严重程度的认识，这反映了大学生劳动过程中的公共安全认知水平。

图9-1　消防员正在灭火

（二）公共安全态度

公共安全态度是指应对公共安全突发事件时介于刺激和行为反应之间的评价。面对公共安全突发事件各种不确定的情况，能否识别公共安全中单一事件及其耦合、衍生、蔓延和转换成二次事件等的不同情况，以及对此的评价，这反映了大学生劳动过程中的公共安全应对态度问题。

（三）公共安全行动

公共安全行动是指应对公共安全突发事件的行为倾向和决策。大学生要有参与公共安全意识提升活动的倾向、参与突发事件应急管理活动的倾向、与管理部门进行行动合作的倾向，这反映了大学生在劳动过程中应对公共安全突发事件的行为正确性问题。

三、增强职业安全意识

从广义上讲，职业安全是指人们进行生产过程中没有发生人员伤亡、职业病、设备损坏或财产损失的状态。大学生在劳动过程中一般涉及人身安全、职业病预防和应急避险等基本内容。劳动中的职业安全意识是指在劳动过程中避免人、物、环境遭受危害的认知、情感和意志的心理过程的总和。劳动过程中的职业安全意识主要表现为不伤害自己、不伤害他人、不被他人伤害和保护他人不受伤害四个层面。

（一）不伤害自己

劳动过程中不伤害自己是指要提高自我保护意识，不能由于疏忽、失误而使自己受到伤害。这取决于个人安全意识的强弱、对安全知识的掌握、对工作任务的熟悉程度、岗位技能水平、工作态度、工作方法、精神状态、作业行为等多方面因素。为了不伤害自己，一定要做到：保持正确的工作态度及良好的身体和心理状态，因为保护自己的责任主要靠自己；熟练掌握操作的设备，熟悉工作中的危险因素及其控制方法，遵守安全规则，使用必要的防护用品，不违章作业；任何操作或设备都可能是危险的，确认无伤害威胁后再实施，三思而后行；杜绝侥幸、自大、想当然心理，莫以患小而为之；积极参加安全教育训练，提高识别和处理事故隐患的能力；虚心接受他人对自己不安全行为的纠正。

（二）不伤害他人

劳动过程中不伤害他人是指自己的行为或行为后果，不能给他人造成伤害。在多人作业的交叉场所，由于不遵守操作规程、对作业现场环境观察不够充分及操作失误等，可能会对周围的人员造成伤害。为了不伤害他人，一定要做到：尊重他人生命，不制造安全隐患；对不熟悉的操作、设备、环境要多听、多看、多问，进行必要的沟通之后再开始工作；操作设备尤其是启动、维修、清洁、保养时，要确保他人在免受影响的区域；对所知的危险应及时告知受影响人员、加以消除或予以标识；对所接收的安全规定、标识、指令，应认真理解后执行；管理者要做好安全表率，对危害行为坚决零容忍。

（三）不被他人伤害

劳动过程中不被他人伤害就是要求每个人都要加强自我防范意识，避免他人的错误操作或其他安全隐患对自己造成伤害。人的生命是脆弱的，变化的环境蕴含多种不可控的风险，应该避免自己的人身安全被他人威胁。为了不被他人伤害，一定要做到：提高自我防护意识，保持警惕，及时发现并报告危险；把自己的安全知识及经验与他人共享，帮助他人提高事故预防技能；不忽视已标识的或潜在的危险并远离之，除非得到充分防护及安全许可；纠正他人可能危害自己的不安全行为，不伤害生命比不伤害情面更重要；冷静处理所遭遇的突发事件，正确应用所学习的安全技能；拒绝他人的违章指挥，即使是自己的主管发出的，也要明确不被伤害是你的权利。

（四）保护他人不受伤害

在劳动过程中，个人还要担负起关心爱护他人的责任和义务，不仅自己要注意安全，还要保护团队的其他人员不受伤害。为了保护他人不受伤害，一定要做到：任何人在任何地方发现任何安全隐患都要主动告知或提示他人；提示他人遵守各项规章制度和安全操作规范；提出安全建议，互相交流，向他人传递有用的信息；视安全为集体的荣誉，为团队贡献安全知识，与他人分享经验；关注他人身体、精神状况等方面的异常变化；一旦发生事故，在保护自己的同时，还要主动帮助身边的人摆脱困境。

第二节　职业安全

从狭义上讲，职业安全指的是职业活动过程中人员的人身安全问题。2021年6月修正的《中华人民共和国安全生产法》强调了"安全第一、预防为主、综合治理"的方针，体现了以人为本，坚持人民至上、生命至上的安全发展理念。我国应急管理部的统计数据显示，近年来全国安全生产形势持续稳定好转，全国生产安全事故死亡人数逐年下降，事故总量、较大事故和重特大事故数量都实现了下降。

党和国家一直高度重视安全生产，开展了一系列安全生产监督管理改革。在新中国成立初期召开的第一次全国煤矿工作会议上就提出"煤矿生产，安全第一"。1993年，国务院印发《关于加强安全生产工作的通知》，确定实行"企业负责、行业管理、国家监察、群众监督劳动者遵章守纪"的安全生产管理体制，并相继实施了《中华人民共和国矿山安全法》等多项法规。2001年2月，为适应我国安全生产工作的需要，进一步加强对安全生产的监督管理，预防和减少各类伤亡事故，经国务院批准组建国家安全生产监督管理局。2002年6月，通过《中华人民共和国安全生产法》，将安全生产纳入法制轨道。2018年3月，设立中华人民共和国应急管理部。

一、职业安全事故类型

职业安全事故多表现为生产安全事故。生产安全事故是指生产经营单位在生产经营活动（包括与生产经营有关的活动）中突然发生的，伤害人身安全，或者损坏设备设施，或者造成经济损失，导致原生产经营活动（包括与生产经营有关的活动）暂时中止或永远终止的意外事件。

（一）安全事故类型

一般而言，安全事故类型的划分通常有 3 个标准：一是按照伤害程度，分为伤害程度较大的工矿商贸等企业生产安全事故和伤害程度较轻的其他一般事故；二是按照致害原因，分为物体打击、车辆伤害、机械伤害、起重伤害等 20 类；三是按照受伤性质，分为电伤、挫伤、割伤、擦伤、刺伤、撕脱伤、扭伤、倒塌压埋伤、冲击伤 9 类。

（二）安全事故等级

根据安全事故造成人员伤亡或直接经济损失程度，一般分为以下 4 个等级。

（1）特别重大事故。特别重大事故是指造成 30 人以上死亡，或者 100 人以上重伤（包括急性工业中毒），或者 1 亿元以上直接经济损失的事故。

（2）重大事故。重大事故是指造成 10 人以上 30 人以下死亡，或者 50 人以上 100 人以下重伤，或者 5 000 万元以上 1 亿元以下直接经济损失的事故。

（3）较大事故。较大事故是指造成 3 人以上 10 人以下死亡，或者 10 人以上 50 人以下重伤，或者 1 000 万元以上 5 000 万元以下直接经济损失的事故。

（4）一般事故。一般事故是指造成 3 人以下死亡，或者 10 人以下重伤，或者 1 000 万元以下直接经济损失的事故。

这些是我国《生产安全事故报告和调查处理条例》中规定的事故等级划分标准，已被列入国家统计局事故统计通用指标。此外，国务院应急管理部门可以会同国务院有关部门，制定事故等级划分的补充性规定。

二、职业活动中的事故隐患

事故隐患是生产安全事故隐患的简称，是指生产经营单位违反安全生产法律、法规、规章、标准、规程和安全生产管理制度的规定，或者因其他因素在生产经营活动中存在可能导致事故发生的人的不安全行为、物的不安全状态、场所的不安全因素（环境不安全因素）和管理上的缺陷。

（一）人的不安全行为

人的不安全行为是指造成人身伤亡事故的人为错误，它反映了事故发生人的方面的原因。人的不安全行为是指引起事故发生的不安全动作，包括应该按照安全规程操作而没有这样做的行为。劳动过程中要避免的不安全行为包括：操作错误、忽视安全、忽视警告，人为造成安全装置失效，使用不安全设备，以手代替工具操作，物体（指成品、半成品、材料、工具等）存放不当，冒险进入危险场所，攀坐不安全位置（如平台护栏等），在起吊臂下作业、停留，机器运转时进行加油、修理、检查、调整、焊接、清扫等工作，有分散注意力行为，没有正确使用个人防护用品和用具，不安全装束，对易燃、易爆等危险品处理错误，等等。大学生在劳动中要学会避免实施不安全行为。

（二）物的不安全状态

物的不安全状态是指事故发生的物质条件。其主要体现为装置缺乏或有缺陷，设备、设施、工具、附件缺乏或有缺陷，用品用具缺乏或有缺陷3类，这些是造成职业安全事故的物的主要原因。在劳动过程中要避免的物的不安全状态包括：防护、保险、信号等装置缺乏或有缺陷；强度不够，如机械强度不够，电气设备绝缘强度不够等；设备在非正常状态运行，如设备带"病"运转，超负荷运转等；维修、调整不良，如设备失修、保养不当等；个人劳动防护用品用具缺乏或不符合安全要求；生产（施工）场地环境不良；交通线路的配置不安全；操作工序设计或配置不安全；物体贮存方法不安全，如环境温度、湿度不合适；等等。大学生在劳动中要学会避免引发物的不安全状态。

（三）环境不安全因素

环境不安全因素是指生产（施工）作业环境中的不安全因素。其主要包括：生产安全防护设施配置不完善；照明光线不良，如照度不足、作业场地烟尘弥漫、视物不清、光线过强；通风不良，如无通风、通风系统效率低；作业场所狭窄；作业场地杂乱，如工具、制品、材料堆放不安全；地面湿滑，如地面有油或其他液体、冰雪覆盖，有其他易滑物；贮存不安全物品，如有毒、腐蚀性化学危险品或易燃易爆气体；环境温度、湿度不当；等等。大学生在劳动中要学会识别场所的不安全因素，并采取相应的补救措施。

（四）管理上的缺陷

管理上的缺陷是指因管理责任缺失导致的缺陷。其主要包括：技术和设计缺陷；安全生产教育和培训不够；劳动组织不合理；对现场工作缺乏检查或指导错误；安全生产管理规章制度和安全操作规程缺失或不健全；事故防范和应急措施缺乏或不健全；对事故隐患整改不力，经费和措施等落实不到位；等等。

三、事故预防的"3E"对策

对事故的预防与控制应该从安全技术（engineering）、安全教育（education）、安全管理（enforcement）3个方面入手，简称"3E"对策。只有从这3个方面采取相应的措施，而且三者要保持平衡，才能做好事故预防。安全技术对策着重解决物的不安全状态问题；安全教育对策主要解决人的不安全行为问题，即使人们知道应该怎么做；安全管理对策主要从管理层面，以明确的规章制度约束和规范人的行为。

（一）安全技术对策

安全技术对策是以工程技术手段解决安全问题，预防事故的发生及减少事故造成的伤害和损失，是预防和控制事故的最佳安全措施。安全技术分为预防事故发生的安全技术和防止或减少事故损失的安全技术。预防事故发生的安全技术的基本出发点是采取措施约束、限制能量或危险物质，防止其意外释放。常用的有消除危险源、限制能量或危险物质、隔离等技术。防止或减少事故损失的安全技术的基本出发点是防止意外释放的能量或危险物质达及人或物，或者减轻其对人或物的作用。事故发生后如果不能迅速控制局面，则事故规模有可能进一步扩大，甚至引起二次事故而释放出更多的能量或危险物质。在事故发生前就应该考虑到采取避免或减少事故损失的技术措施。常用的有隔离、个体防护、薄弱环节应对、避难与援救等技术。

（二）安全教育对策

安全教育是事故预防与控制的重要手段之一。安全教育是指通过各种形式，包括学校教育、媒体宣传、政策导向等方式方法，提高人的安全意识和素质，使人们学会从安全的角度观察和理解所要从事的活动和所面临的形势，用安全的观点解释和处理自己遇到的新问题。安全教育主要是对安全意识的培养，这是长时期甚至贯穿人的一生的，并在人的所有行为中体现出来，而与其所从事的职业并无直接关联。大学生需要终身接受安全教育，学习安全知识，掌握安全技能。

（三）安全管理对策

从表面上看，事故的发生是由于生产空间、设备、设施和人为差错等不安全条件造成的，如果对事故原因进行深层分析，可以发现其根源还是管理上的缺陷，只是表现的形式不同。安全管理对策是用各项规章制度、奖惩条例约束人的行为和自由，达到控制人的不安全行为，减少事故的目的。在长期的生产管理实践活动中，人们总结出了许多行之有效的安全管理措施，如安全生产责任制；建设项目安全设施"三同时"，即生产经营单位新建、改建、扩建工程项目必须与主体工程同时设计、同时施工、同时投入生产和使用；事故处理"四不放过"原则，即事故原因未查清不放过、责任人员未处理不放过、整改措施未落实不放过、有关人员未受到教育不放过；各种安全法规、标准、手册，安全操作规范；等等。这些安全管理措施大多在现代企业安全管理工作中起着举足轻重的作用。此外，安全检查、风险识别、安全评价等方式也是安全管理工作中控制事故发生的重要安全管理措施，为保证安全管理的效果，落实事故隐患的排查、监控，减少人的不安全行为起到积极作用。

第三节　职业健康与劳动保护

一、职业健康

从广义上讲，职业健康也称职业卫生，是对工作场所内产生或存在的职业性有害因素及其健康损害进行识别、评估、预测和控制的一门科学，其目的是预防和保护劳动者免受职业性有害因素所致的健康影响和危险，使工作适应劳动者，促进和保障劳动者在职业活动中的身心健康。近年来，我国职业健康事业发展快速，取得显著成效，劳动者职业健康权益得到进一步保障。2022 年，全国报告新发职业病病例数虽然比 2017 年下降了 58%，但我国职业病防治形势仍不容乐观。根据 2020 年的调查，工业企业中 90% 以上的企业存在职业病危害因素，但是每年报告的职业病患者只有 1 万多人，基于体检人数不足等多方面的原因，实际患职业病的人数要远远超过报告的人数。

职业病防治事关劳动者身体健康和生命安全，事关经济发展和社会稳定大局，党和国家一直高度重视职业病防治工作。1949 年 11 月 1 日，中央人民政府卫生部成立，其下设的公共卫生局负责职业卫生。2001 年 10 月，国家颁布了《中华人民共和国职业病防治法》。根据社会发展需要，我国又分别在 2011 年、2016 年、2017 年、2018 年对该法进行了四次修正。2009 年，国务院印发了第一个职业病五年防治规划《国家职业病防治规划（2009—2015 年）》。2016 年 10 月 25 日，中共中央、国务院印发的《"健康中国 2030"规划纲要》明确提出，要强化行业自律和监督管理职责，推动企业落实主体责任，推进职业病危害源头治理，预防和控制职业病发生。2020 年 4 月 6 日，国家卫生健康委员会发布《关于加强职业病防治技术支撑体系建设的指导意见》，提出加快推进职业健康治理体系和治理能力现代化。

二、职业病概述

（一）职业病分类

职业病是指企业、事业单位和个体经济组织等用人单位的劳动者在职业活动中，因接触粉尘、放射性物质和其他有毒、有害因素而引起的疾病。1957 年，我国首次印发了《关于试行〈职业病范围和职业病患者处理办法的规定〉的通知》，将职业病确定为 14 种。1987 年对其进行调整，增加到 9 类 99 种。随着我国经济社会的快速发展，新材料、新技术、新工艺的广泛应用，以及新的职业、工种和劳动方式不断产生，劳动者在职业活动中接触的职业病危害因素更加多样、复杂。2002 年，原卫生部联合原劳动保障部印发了《职业病目录》，将职业病增加到 10 类 115 种。2013 年 12 月 23 日，原国家卫生计生委、人力资源社会保障部、原安全监管总局、全国总工会 4 部门联合印发《职业病分类和目录》，将职业病分为职业性尘肺病及其他呼吸系统疾病、职业性皮肤病、职业性眼病、职业性耳鼻喉口腔疾病、职业性化学中毒、物理因素所致职业病、职业性放射性疾病、职业性传染病、职业性肿瘤、其他职业病共 10 类 132 种。

（二）职业病防治

1. 用人单位方面

在职业病防治上，用人单位是责任主体，因此必须做到：第一，用人单位应当组织接触职业病危害因素的劳动者进行上岗前职业健康检查。第二，用人单位应当组织接触职业病危害因素的劳动者进行定期职业健康检查。对需要复查和医学观察的劳动者，应当按照体检机构要求的时间安排其进行复查和医学观察。第三，用人单位应当组织接触职业病危害因素的劳动者进行离岗时的职业健康检查。第四，对遭受或可能遭受急性职业病危害的劳动者，用人单位应当及时组织其进行健康检查和医学观察。第五，用人单位对疑似职业病患者应当按规定向所在地卫生行政部门报告，并按照体检机构的要求安排其进行职业病诊断或医学观察。第六，用人单位组织相关职工进行职业健康检查时，应当根据所接触的职业危害因素类别，按《职业健康检查项目及周期》的规定确定检查项目和检查周期。需复查时可根据复查要求相应增加检查项目。

2. 劳动者个人方面

在职业病防治上，劳动者个人也必须做到：第一，不生产、经营、进口和使用国家明令禁止使用的可能产生职业病危害的设备或材料。第二，不将产生职业病危害的作业转移给不具备职业病防护条件的单位和个人。第三，不具备职业病防护条件的情况下，不接受产生职业病危害的作业。第四，学习和掌握相关的职业卫生知识，增强职业病防范意识，遵守职业病防治法律、法规、规章和操作规程，正确使用、维护职业病防护设备和个人使用的职业病防护用品，发现职业病危害事故隐患及时报告。

（三）职业病诊断

在实际工作中，劳动者如果不幸患上了职业病，可以根据相关法律法规的规定维护自己的正当权益，争取赔偿。但在此之前需要做职业病诊断，所以劳动者有必要了解职业病诊断的基本程序，应该提供哪些具体材料，以及确诊后如何依法享受国家规定的职业病待遇。

1．职业病诊断的基本程序

疑似职业病的劳动者可以根据个人情况在用人单位所在地或本人居住地，选择依法承担职业病诊断的医疗卫生机构进行诊断。这里所说的职业病诊断机构必须是由省级以上卫生行政部门批准的医疗卫生机构，由该机构组织 3 名以上取得职业病诊断资格的执业医师集体诊断，诊断证明书由参加诊断的医师共同签署，由机构审核盖章。若当事人对职业病诊断有异议，30 日内可以向作出诊断的医疗卫生机构所在地区市级卫生行政部门申请鉴定，由该部门组织职业病诊断鉴定委员会进行鉴定；若对该鉴定结果仍有异议，可继续向省级卫生行政部门申请鉴定。

2．劳动者申请职业病诊断时应当提供的材料

该材料主要包括：职业史、既往史，职业健康监护档案复印件，职业健康检查结果，工作场所历年职业病危害因素检测、评价资料，诊断机构要求提供的其他必需的有关材料。用人单位和有关机构应当按照诊断机构的要求，如实提供必要的资料。

3．患有职业病的劳动者依法享受国家规定的职业病待遇

第一，用人单位应当保障职业病患者依法享受国家规定的职业病待遇。用人单位应当按照国家有关规定，安排职业病患者进行治疗、康复和定期检查。用人单位对不适宜继续从事原工作的职业病患者，应当调离原岗位，并妥善安置。用人单位对从事接触职业病危害作业的劳动者，应当给予适当岗位津贴。第二，职业病患者的诊疗、康复费用，伤残及丧失劳动能力的职业病患者的社会保障，按照国家有关工伤保险的规定执行。第三，职业病患者除依法享有工伤保险外，依照有关民事法律规定，尚有获得赔偿权利的，有权向用人单位提出赔偿要求。第四，劳动者被诊断患有职业病，但用人单位没有依法参加工伤保险的，其医疗和生活保障由该用人单位承担。第五，职业病患者变动工作单位，其依法享有的待遇不变。用人单位在发生分立、合并、解散、破产等情形时，应当对从事接触职业病危害作业的劳动者进行健康检查，并按照国家有关规定妥善安置职业病患者。第六，用人单位已经不存在或无法确认劳动关系的职业病患者，可以向地方人民政府医疗保障和民政部门申请医疗和生活等方面的救助。地方人民政府应当根据本地区的实际情况采取其他

措施，使前述规定的职业病患者获得医疗救治。

（四）职业病的三级预防措施

大学生不仅要重视职业活动中的安全问题，更要重视职业健康问题，时刻做好职业病的三级预防，努力"为祖国健康工作五十年"。职业病是一类人为的疾病，应按三级预防措施加以控制，以保护职业人群的健康。

1. 职业病第一级预防措施

第一级预防又称病因预防，是从根本上杜绝职业病危害因素对人的作用，即改进生产工艺和生产设备，合理利用防护设施及个人防护用品，以减少人员接触职业病危害因素的机会，减轻受影响程度。对于人群中处于高危状态的个体，可依据职业禁忌证进行检查，凡有职业禁忌证者，不应参加与之相关的工作。可见，第一级预防的措施主要针对的是控制整个人群的健康危险因素，属于原始预防的范畴。

2. 职业病第二级预防措施

第二级预防是早期检测人体受到职业病危害因素所致的疾病。第一级预防措施虽然是最理想的，但所需费用较大，有时难以完全达到理想效果，仍然会出现罹病人群，所以第二级预防也成为必需的措施。其主要手段是定期进行环境中职业病危害因素的监测和对接触者进行定期健康检查，以及早发现病损并及时预防、处理，此外还有长期病假或外伤后复工前的检查及退休前的检查。

定期健康检查的间隔期可根据下列原则而定：疾病的自然演变、发病快慢和严重程度，接触的职业病危害程度，接触人群的易感性。身体健康检查项目鼓励使用特异及敏感的生物检测指标进行评价。肺通气功能的检查或X线肺部摄片，常作为对接触粉尘作业者的功能性和病理性改变检查项目，其他如心电图、脑电图、神经传导速度和听力检查等，均可作为早期的特异性检查项目。

3. 职业病第三级预防措施

第三级预防是在得病以后，予以积极治疗和合理的促进康复处理。第三级预防原则包括：对已受损害的接触者调离原有工作岗位，并予以合理的治疗；根据接触者受到损害的原因，对生产环境和工艺过程进行改进，既治疗患者，又治理环境；促进患者康复，预防并发症。

除极少数的职业中毒有特殊的解毒治疗方法外，大多数职业病主要依据受损的靶器官或系统，采用临床治疗原则，给予对症综合处理。特别对接触粉尘所致肺纤维化的病损，目前尚无特效方法予以逆转。因此，职业病的预防处理原则，重点还是在于全面执行三级预防措施，做到及时预防、早期检测、早期处理，促进康复、预防并发症、改善生活质量。

三、劳动保护

劳动保护就是依靠技术进步和科学管理，采取技术和组织措施，消除劳动过程中危及人身安全和健康的不良条件与行为，防止伤亡事故和职业病，保障劳动者在劳动过程中的安全和健康。

国家为保护劳动者在生产活动中的安全和健康，在改善劳动条件、防止工伤事故、预防职业病、实行劳逸结合、加强女工保护等方面采取了各项组织措施和技术措施，这些被统称为劳动保护。劳动保护的具体内容包括：工作时间的限制和休息时间、休假制度的规定，各项劳动安全与卫生的措施，对女职工的劳动保护，对未成年工的劳动保护。

📖 知识链接

我国劳动相关法规的部分规定

1.我国《劳动法》对劳动者的工作时间、休息休假作了如下规定：

第三十六条 国家实行劳动者每日工作时间不超过八小时、平均每周工作时间不超过四十四小时的工时制度。

第三十七条 对实行计件工作的劳动者，用人单位应当根据本法第三十六条规定的工时制度合理确定其劳动定额和计件报酬标准。

第三十八条 用人单位应当保证劳动者每周至少休息一日。

第三十九条 企业因生产特点不能实行本法第三十六条、第三十八条规定的，经劳动行政部门批准，可以实行其他工作和休息办法。

第四十条 用人单位在下列节日期间应当依法安排劳动者休假：

（一）元旦；

（二）春节；

（三）国际劳动节；

（四）国庆节

（五）法律、法规规定的其他休假节日。

第四十一条 用人单位由于生产经营需要，经与工会和劳动者协商后可以延长工作时间，一般每日不得超过一小时；因特殊原因需要延长工作时间的，在保障劳动者身体健康的条件下延长工作时间每日不得超过三小时，但是每月不得超过三十六小时。

第四十二条 有下列情形之一的，延长工作时间不受本法第四十一条规定的限制：

（一）发生自然灾害、事故或者因其他原因，威胁劳动者生命健康和财产安全，需要紧急处理的；

（二）生产设备、交通运输线路、公共设施发生故障，影响生产和公众利益，必须及时抢修的；

（三）法律、行政法规规定的其他情形。

第四十三条　用人单位不得违反本法规定延长劳动者的工作时间。

第四十四条　有下列情形之一的，用人单位应当按照下列标准支付高于劳动者正常工作时间工资的工资报酬：

（一）安排劳动者延长工作时间的，支付不低于工资的百分之一百五十的工资报酬；

（二）休息日安排劳动者工作又不能安排补休的，支付不低于工资的百分之二百的工资报酬；

（三）法定休假日安排劳动者工作的，支付不低于工资的百分之三百的工资报酬。

第四十五条　国家实行带薪年休假制度。

劳动者连续工作一年以上的，享受带薪年休假。具体办法由国务院规定。

2.对于劳动者的工作时间问题，国务院于1995年3月25日修订的《国务院关于职工工作时间的规定》作了如下规定：

第一条　为了合理安排职工的工作和休息时间，维护职工的休息权利，调动职工的积极性，促进社会主义现代化建设事业的发展，根据宪法有关规定，制定本规定。

第二条　本规定适用于在中华人民共和国境内的国家机关、社会团体、企业事业单位以及其他组织的职工。

第三条　职工每日工作8小时、每周工作40小时。

第四条　在特殊条件下从事劳动和有特殊情况，需要适当缩短工作时间的，按照国家有关规定执行。

第五条　因工作性质或生产特点的限制，不能实行每日工作8小时、每周工作40小时标准工时制度的，按照国家有关规定，可以实行其他工作和休息办法。

第六条　任何单位和个人不得擅自延长职工工作时间。因特殊情况和紧急任务确需延长工作时间的，按照国家有关规定执行。

第七条　国家机关、事业单位实行统一的工作时间，星期六和星期日为周休息日。

企业和不能实行前款规定的统一工作时间的事业单位，可以根据实际情况灵活安排周休息日。

第八条　本规定由劳动部、人事部负责解释；实施办法由劳动部、人事部制定。

第九条　本规定自1995年5月1日起施行。1995年5月1日施行有困难的企业、事业单位，可以适当延期；但是，事业单位最迟应当自1996年1月1日起施行，企业最迟应当自1997年5月1日起施行。

3.在国家劳动安全卫生标准中，劳动者对用人单位生产和经营上的商业秘密有保密的义务，用人单位对劳动者生命安全和身体健康卫生有保护的义务。建立健全各项劳动安全卫生制度，防止劳动过程中的事故发生，减少职业性危害，是用人单位应承担的义务之一。

（1）劳动者有了解生产作业场所和工作岗位存在的不安全因素和职业危害的权利。用人单位有义务将劳动者生产作业场所和工作岗位中存在的可能导致生产安全事故或职业病的危害因素如实、全面地告知劳动者。

（2）劳动者有权了解和掌握生产安全事故、职业病的防范措施和应急处理措施，并对本单位的劳动安全卫生工作提出意见、建议。用人单位有义务将生产安全事故和职业病的防范措施和应急处理措施告知劳动者。

（3）劳动者有对用人单位劳动安全卫生工作中存在的问题提出批评、检举和控告的权利，有权拒绝违章指挥、强令冒险作业。用人单位不得因劳动者对本单位劳动安全卫生工作提出批评、检举、控告或者拒绝违章指挥、强令冒险作业而降低劳动者的工资、福利等待遇或者解除与劳动者签订的劳动合同。

（4）劳动者发现直接危及人身安全的紧急情况时，有进行紧急避险的权利，即可以停止作业或采取可能的应急措施后撤离作业场所。

（5）劳动者有依法获得工伤社会保险的权利。用人单位在与劳动者订立的劳动合同中，应当载明有关保障劳动者劳动安全卫生和依法为劳动者缴纳工伤保险的事项；不得含有免除或减轻用人单位对劳动者因生产安全事故、职业病而依法应承担的责任内容。

（6）劳动者因生产安全事故、职业病受到损害时，除依法享有工伤社会保险外，还有依照民事法律的相关规定，向用人单位提出赔偿要求的权利。

4.《劳动法》第五十二条规定："用人单位必须建立、健全劳动安全卫生制度，严格执行国家劳动安全卫生规程和标准，对劳动者进行劳动安全卫生教育，防止劳动过程中的事故，减少职业危害。"《劳动法》第五十三条、第五十四条规定："劳动安全卫生设施必须符合国家规定的标准。新建、改建、扩建工程的劳动安全卫生设施必须与主体工程同时设计、同时施工、同时投入生产和使用。""用人单位必须为劳动者提供符合国家规定的劳动安全卫生条件和必要的劳动防护用品，对从事有职业危害作业的劳动者应当定期进行健康检查。"职工在规定的健康检查中耽误的时间算作工作时间，检查所需的费用依法由用人单位负责。另外，应对劳动者进行安全技术培训，特别是从事特种作业的劳动者，必须经过专门培训并取得特种作业资格证书，才能从事相应的特种作业。凡用人单位未履行培训责任而发生事故的，事故责任应由用人单位承担。

用人单位在履行法定劳动安全卫生制度的义务时，也同时享有相应的权利。首先，用人单位有权依法制定内部劳动安全卫生规章，并要求劳动者必须遵守这些规章制度和操作规范。其次，用人单位有权对企业内部的劳动安全卫生规章制度的执行实施监督检查，纠正违章操作行为。最后，用人单位有权对违反劳动安全卫生规章制度，并造成事故的劳动者给予纪律处罚。

（资料来源：作者根据相关资料整理）

对女职工的劳动保护

《女职工劳动保护规定》是为了减少和解决女职工在劳动中因生理特点造成的特殊困难，保护女职工健康而制定，由国务院于 1988 年 7 月 21 日发布，自 1988 年 9 月 1 日起施行。

2012 年 4 月 28 日，国务院发布《女职工劳动保护特别规定》，《女职工劳动保护规定》同时废止。其中，女职工禁忌从事的劳动范围如下。

（1）女职工禁忌从事的劳动范围：①矿山井下作业；②体力劳动强度分级标准中规定的第四级体力劳动强度的作业；③每小时负重 6 次以上、每次负重超过 20 公斤的作业，或者间断负重、每次负重超过 25 公斤的作业。

（2）女职工在经期禁忌从事的劳动范围：①冷水作业分级标准中规定的第二级、第三级、第四级冷水作业；②低温作业分级标准中规定的第二级、第三级、第四级低温作业；③体力劳动强度分级标准中规定的第三级、第四级体力劳动强度的作业；④高处作业分级标准中规定的第三级、第四级高处作业。

（3）女职工在孕期禁忌从事的劳动范围：①作业场所空气中铅及其化合物、汞及其化合物、苯、镉、铍、砷、氰化物、氮氧化物、一氧化碳、二硫化碳、氯、己内酰胺、氯丁二烯、氯乙烯、环氧乙烷、苯胺、甲醛等有毒物质浓度超过国家职业卫生标准的作业；②从事抗癌药物、己烯雌酚生产，接触麻醉剂气体等的作业；③非密封源放射性物质的操作，核事故与放射事故的应急处置；④高处作业分级标准中规定的高处作业；⑤冷水作业分级标准中规定的冷水作业；⑥低温作业分级标准中规定的低温作业；⑦高温作业分级标准中规定的第三级、第四级的作业；⑧噪声作业分级标准中规定的第三级、第四级的作业；⑨体力劳动强度分级标准中规定的第三级、第四级体力劳动强度的作业；⑩在密闭空间、高压室作业或者潜水作业，伴有强烈振动的作业，或者需要频繁弯腰、攀高、下蹲的作业。

（4）女职工在哺乳期禁忌从事的劳动范围：①孕期禁忌从事的劳动范围的第一项、第三项、第九项；②作业场所空气中锰、氟、溴、甲醇、有机磷化合物、有机氯化合物等有毒物质浓度超过国家职业卫生标准的作业。

（资料来源：作者根据相关资料整理）

💡 **本章思考**

结合所学专业，谈谈未来就业领域可能遭受哪些职业病危害？如何做好防护？

第四部分

劳动素养实践编

课堂导入

无惧火花"淋浴"焊接核电站"心脏"

未晓朋，中国核工业二三建设有限公司连云港项目部管道队焊工班班长，他从入职第一天就坚守"干一行、爱一行、专一行、精一行"的原则。中专学历的他自学专业书籍，理论结合实践，最终掌握了带压焊接、特殊位置焊接、异种钢焊接等独到的焊工绝活，特别是在钨极氩弧焊方面展现出极深的造诣。

未晓朋手上布满了大大小小的疤痕，手心里都是老茧，完全看不出是一双30岁人的手。由于长时间的不间断焊接，未晓朋脸上的皮肤一层层脱落，眼睛每到深夜就不由自主地流眼泪，即使这样，他在焊接的道路上也从未止步。未晓朋整理焊接中出现的每个问题，结合书本理论反复练习、钻研，自己琢磨出了一套独特的起弧手法，准确地实现了立焊、横焊、仰焊等不同作业条件下的要求。

2010年，未晓朋调任福清核电项目，工期在夏天最热的时候，穹顶的最高温度达50℃，里面衣服没有一次是干的，长时间下来，皮肤多处被泡得发白，有些焊口的位置十分复杂，焊接难度非常大。未晓朋坚守岗位，为了加快进度，一干就是十几个小时，终于穹顶所有焊口一次性达到100%合格率。

2014年，未晓朋代表中国核建参加国际焊接技能大赛，获得钨极氩弧焊单项第一名的成绩，让国外同行对中国核建的焊接技术刮目相看。凭借精湛的技艺和扎实的功底，未晓朋在田湾核电二期工程建设（图10-1）中承担了主管道焊接施工任务。核电厂房是核电厂的"心脏"，主管道是连接心脏的"主动脉"，未晓朋为了保证质量，通过反复练习熟悉焊材性能，摸索出非常实用的焊接方法传授给同事们，一起克服了主管道难焊接、易返修的问题。他因此被誉为核电站的"心脏搭桥师"。

图 10-1　田湾核电二期工程

（资料来源：王薇.无惧火花"沐浴"焊接核电站"心脏"[N].北京青年报，2019-06-17.有改动）

探索与思考

1. 大国工匠未晓朋的事迹体现了劳动者的哪些劳动素养？

2. 职业技能和劳动素养有哪些关系？

劳动素养是经过生活或教育活动形成的与劳动有关的人的素养，包括劳动价值观、知识、能力等具体指向。苏霍姆林斯基认为，劳动素养还包括"劳动活动在人的精神生活中的作用和地位，包括劳动创造活动的智力充实性和完满性，道德丰富性和公民目的性"。劳动素养作为人的内在素质，具有充分的内生性、内在性、自主性特点，必须在外化形态下才能得到准确评价与衡量。

第一节　劳动素养内涵

劳动素养是指劳动者在劳动过程中与之相匹配的劳动心态和劳动技能的综合，是衡量劳动者能否完成某对应工作最根本、最直接的工作能力指标。在现代人力资源管理学科体系内，劳动素养又可称为职业素养，强调劳动者在参与劳动过程中，在职业行为方面的规范和要求，是在从事职业过程中表现出的综合品质。劳动素养或职业素养，包含职业道德、职业技能、职业作风和职业意识等方面。

一、职业道德是职场中的灵魂

职业道德是人们在一定职业活动范围内应当遵守的，与其特定职业活动相适应的行为规范的总和。忠诚、敬业、进取、负责这 4 种职场态度是职业道德在实际工作中的具体表现，缺乏它们可以说是灵魂上的缺陷，是只想到利而想不到义，只想到自己而想不到他人，只想到局部而想不到整体，只想到眼下而想不到未来的灵魂缺陷。一个人对待本职工作是半推半就、半途而废，还是全心全意、有始有终，这是判别其职业道德是否具有灵魂的标准，也是职场成功的先决条件。

二、职业意识是职场中的基础

职业意识是人们对职业劳动的认识、评价、情感和态度等心理成分的综合反映，是支配和调控全部职业行为和职业活动的调节器。它首先表现出的是对所从事或即将从事的职业的认同感，认可并热爱这一职业，愿意投身于该职业领域，进而全面理性地认识其职业性质、职业道德、职业信念、职业目标、职业能力、职业道路等，进而产生积极、健康的工作态度。对在岗人员来说，职业意识可以激发工作热情，指导工作方法，提高工作效率和工作效果；而对于处于专业学习阶段的大学生来说，职业意识可以确定学习目标，明确发展方向。

职业素养是人们在从事职业工作时尽自己最大的能力把工作做好的素质和能力，它不以一项工作或一件事情的完成会给个人带来的利益或造成的影响为衡量标准，而以其与工作目标的关系为衡量标准。良好的职业素养应该是衡量职业人成熟度的重要指标。从个人角度来看，如果缺乏良好的职业素养，就很难取得突出的工作业绩，建功立业更是无从谈起；从企业角度来看，唯有集中具备较高职业素养的员工，才能求得生存、推动发展，他们可以帮助企业节省成本、提高效率，从而提高企业在市场上的竞争力；从国家角度来看，国民职业素养的高低直接影响着国家经济的发展，是社会稳定的前提。

三、职业技能是职场中的武器

职业技能是指在职业分类基础上，根据职业的活动内容，对从业人员工作能力水平的规范性要求。它是从业人员从事职业活动，接受职业教育培训和职业技能鉴定的主要依据，也是衡量劳动者从业资格和能力的重要尺度。简单来说，职业技能就是劳动者走上职场所必需的能力和必须掌握的技术。职业技能是人在职场中的价值体现，也是为组织创造价值工具和推动企业发展的重要动力。所以，职业技能是职业素养中核心的构成要素，是劳动者入职及在职场前行的有力武器。

四、职业作风是职场中的形象

职业作风主要通过职业行为体现，主要反映个人对职业劳动的认识、评价、情感和态度等心理过程。它是由人与职业环境、职业要求的相互关系决定的。职业作风包括职业创新行为、职业竞争行为、职业协作行为和职业奉献行为等方面。

第二节　劳动素养评价

一、劳动素养评价的主要内容

结合高校学生特点、评价指标可操作性、社会认知程度等综合角度来看，劳动素养的内涵与指向应当注重以下 4 个方面。

一是劳动意识的评价维度。人类的劳动活动是有意识的，在活动之前就存在着一定的思考和安排。培养正确的劳动意识就是让学生具有正确的劳动动机和劳动态度。劳动动机体现为劳动者在劳动过程中所追求的目的，劳动态度体现为劳动者劳动过程中的心理感受。学校通过劳动教育，使学生明确劳动动机、端正劳动态度，进而加强劳动意识。

二是劳动观念的评价维度。劳动可以锻炼人的吃苦精神，劳动会让人有坚定的意志。劳动观念是人们对劳动的看法和态度。新时代的劳动观念是"以热爱劳动为荣、以不劳而获为耻，尊重努力劳动、贡献社会的不同阶层的劳动者，愿意以自己的体力和脑力劳动建设祖国、贡献社会、服务人民"，树立正确的劳动观念，是提高学生劳动素养的基本要求。

三是劳动能力的评价维度。劳动能力是人们进行劳动工作的能力，包括体力劳动和脑力劳动两个方面，是体力劳动和脑力劳动的总和。劳动能力是让学生懂劳动、会劳动。它是人们通过劳动创造价值的必要手段。

四是劳动成果的评价维度。劳动是人与社会、人与自然的互动过程，强调结果评价是在探讨人作为劳动主体，对生活和工作的影响。劳动使人身心健康，能教会学生更好地生活、交往、生存和发展。学校可以通过劳动实践活动培养学生热爱劳动的思想、吃苦耐劳的精神和对工作的责任心。

二、劳动素养评价的合理开展

劳动素养作为人的内在素质，具有充分的内生性、内在性、自主性特点，必须在外化形态下才能得到准确评价与衡量。构建科学合理的劳动素养评价指标体系，要重点在丰富评价载体上下功夫，给予劳动素养充分的外在表达空间与形式。这既是加强劳动教育的必然要求，也是实现劳动素养科学评价的重要方面。依据高校学生管理的特点，结合劳动教育中对"服务""创造""躬行"等劳动价值的重点弘扬，劳动素养的评价载体与呈现形式（即评价指标的体系建构）应涵盖以下 3 个方面。

一是志愿服务。志愿服务是劳动教育的重要载体之一，志愿服务的过程是学生实践能力、劳动精神、劳动素质全面锻炼与提升的过程。高校将劳动教育融入志愿服务中，让学生有意识、有目的地参与其中，在志愿服务过程中实践劳动精神、弘扬劳动精神。大量的学生志愿服务活动，能够培养学生勇于实践、无私奉献的勤劳奋进精神，增强学生的劳动意识和劳动素质。

二是社会实践。社会实践活动提供了学生与社会的全方位体验与交流的真实场景，学生通过社会实践将知识转化为劳动成果，能够更加直观地感受到通过劳动实现目标，通过劳动创造价值。同时，社会实践活动能够促进学生劳动能力的提高，塑造职业素养和道德品质，通过亲身实践，理解劳动价值的内涵，形成尊重劳动、热爱劳动的真挚情感。

三是日常行为。劳动是人类社会各项活动的基本形态之一，劳动素养的生成、塑造与展现都在日常行为中充分存在。高校学生学习、生活各个方面都与劳动意识、劳动观念、劳动能力有着千丝万缕的联系。学生在校内外各个公共场所中能否自觉维护环境卫生，充分尊重他人的劳动成果，在学生宿舍能否具备"一屋不扫，何以扫天下"的劳动意识和行动，在参与考试测验、学术研究和科研探索时，能否自觉诚实守信、遵纪守法，严格遵从学术规范，从劳动成果的角度更加深刻和自觉地维护学习学术秩序。劳动素养在日常行为上的表现还可以外化为服务他人、奉献集体的意识与行动。对高校学生来讲，积极参与学生社团组织、为集体举办的文体活动贡献力量，都是以个人劳动与付出服务他人的形式之一，在构建劳动素养评价体系中，应从劳动成果的维度予以适当体现。

三、劳动素养评价结果的科学运用

构建劳动素养评价体系要充分借鉴和吸收综合素质评价的有益成果，真正做到评价设计科学合理、评价过程公开公正、评价思路导向正确、评价结果社会信服。劳动素养评价体系应与当前高校普遍实行的学生综合素质评价体系相一致、相融合，把劳动素养纳入综合素质评价的"五育"目标之一，从加强劳动教育的视角，优化学生综合素质评价的各项指标设计，实现劳动教育在综合素质体系中的独立占比，提升劳动教育各项内容的重要性。因此，劳动素养评价的结果运用方面应当注重以下 3 个方面。

一是要探索劳动素养评价的独立表彰机制。劳育作为五育并举的重要指标之一，与德育、智育、体育、美育相比，尚未建立起有效的表彰或惩戒机制。探索劳动素养评价体系的目标之一，就是要在形成劳动素养评价的定量或定性结果基础上，通过正面奖励引导和反向督促惩戒的方式，强化劳动教育的具体实施效果。因此，要从劳动素养评价体系的结果认定上，建立劳育表彰的物质性或荣誉性奖励机制，扩大劳动素养的教育教学效应，巩固劳动教育的长期成果。

二是要建立劳动素养评价与学生综合素质测评融合机制。劳动教育是"德智体美劳"全面培养教育体系的重要组成部分，将劳动素养纳入学生综合素质评价体系中，能够充分发挥劳动教育的激励和导向功能。制订涵盖劳动观念、劳动意识、劳动能力的评价制度和评价标准，通过学生综合测评结果将劳动教育与学生评奖评优挂钩，能够促进学生增强劳动意识，更加注重自身劳动素质的培养，从而达到充分肯定学生劳动素养的成长与进步的测评目的。

三是要建立劳动素养评价结果的长期记录机制。建立劳动素养评价结果的长期记录，是"全过程育人"理念的直接体现，能够客观反映学生的成长过程，体现出学生劳动能力、劳动态度的发展变化，这对其未来求职升学、择业就业、创新创业等方面都是有益的参考。另外，对学生劳动素养评价做群体性的长期记录分析，是检验和考察劳动教育成果、效率的重要方面。因此，要尝试通过网络化、系统化、平台化的方式采集学生劳动素养评价信息，构建科学合理的劳动素养评价体系，形成劳动素养评价结果的长期记录，推动劳动教育在高校的具体落实落地。

第三节　提升劳动素养

结合劳动素养自我评价和他人评价的主要方法，劳动者短期内提高劳动素养的直接途径就是提升人岗匹配程度。

一是增加对岗位的了解。大学生对岗位有所了解，是进入岗位的第一步，也是求职的基础。要确定岗位名称，从工作性质、工作难易程度、责任大小、资格等方面考虑自己是否适合进入该岗位工作。例如，了解岗位要完成什么样的工作，完成岗位工作的方法和要求；明确岗位工作的时间要求，工作的地点及工作环境，也包括岗位所处的文化环境及工作环境的稳定性等；明确进入岗位工作所需要的工作技能，如口头交流技能、迅速计算技能、熟练使用设备技能、联络技能等。

二是增加必要的知识储备。为了完成岗位工作，需要有与工作相关的知识储备。除此之外，还要有与劳动相关的法律法规知识、劳动保护方法与政策等知识储备。

三是提高基础工作能力。工作能力指的是对一个人完成岗位工作的标准化要求。在企业管理中用以判断员工是否称职。大学生入职需要具备基础的工作能力。也就是说，大学生需要展现出适合在该岗位上工作的基础能力，如文字运用类岗位需要具备处理一般信函、简报、便条、备忘录、通知等文件的能力。

从长期的职业发展与个人成长来说，提高劳动素养要切实从树立职业理想、培养职业个性、涵养职业道德、培训职业技能等方面做起。

一、树立职业理想是培养大学生职业素养的切入点

职业理想是人们对未来职业的向往和追求，帮助大学生树立坚定正确的职业理想是高校对大学生进行劳动教育的切入点和核心内容。大学生的职业理想是他们人生价值实现的精神支柱，对促进大学生在学业上奋发进取、顽强拼搏，锲而不舍地按照自己的职业规划

充实完善自我，实现未来人生目标具有积极的促进作用。

树立正确的职业理想还有助于大学生在求职过程中正确处理国家、社会和个人之间的关系及合理地确立职业的期望值，自觉将国家需要与个人利益相结合。大部分学生小时候就有最初的职业理想，如有的想当科学家，有的想当医生，有的想当作家等。这种懵懂的职业理想随着人的成长而变得成熟，特别是受过高等教育的大学生，树立正确的职业理想将是他们人生启航的坐标点和职业的落脚点。要使大学生的职业理想向正确的方向发展，必须使他们的人生观、价值观、世界观与职业观辩证统一起来，让正确的职业理想成为大学生成人、成才、成就人生的导向标。

二、培养职业个性是培养大学生职业素养的关键点

人力资源管理的理论表明，职业个性与个人事业的成功之间有密切的联系。美国波士顿大学教授弗兰克·帕森斯最早提出了职业辅导理论——帕森斯的特质因素理论。他在其著作《选择一个职业》中指出：人的个性影响职业行为习惯。每个人都有自己独特的人格模式，每种人格模式的个人都有与其相适应的职业类型。人们要想在职业生活中充分地施展自己的个性特点，实现自己的个性要求，获得尽可能大的自由感、满足感和适应感，那么在择业前就应该了解自己所属的个性类型及其职业适应性。

因此，高校在培养大学生的职业素养时要注重解决他们的兴趣、能力与工作机会相匹配的问题，帮助大学生寻找与其特性相一致的职业。例如，大学生喜欢什么样的同事、喜欢怎样的活动、对什么问题感兴趣等，这些问题都会与他们未来的工作状态有必然的联系。如果学生了解这一点，在确定自己的工作岗位时，就会多一些理性的思考，选择职业的针对性也会更加强。再如，个性偏内向的大学生要知道如何更好地发挥自己的个性优势；个性偏外向的大学生在做研究工作时的最大挑战是什么；作为管理人员要善于交流沟通、多角度思维、关心下属；而商场营业员则必须主动、耐心、热情等。从事每一种职业都需要有一定的职业性格与之匹配，好的职业性格有助于个体在相应职业中更好地完成工作。

三、涵养职业道德是培养大学生职业素养的着力点

职业道德指的是人们在职业行为、工作作风等方面表现出的思想、认识、态度和品质等。涵养大学生职业道德的过程，也是帮助他们逐步实现社会化的过程，是提高大学生职业素养的关键所在。来自哈佛大学的研究表明，成功因素中85%取决于积极的职业态度，剩余15%才是人的职业技能。用人单位对应聘者的职业道德需求对大学生发展有着很好的导向作用，诸如积极的人生态度、开拓创新精神、沉着应变能力、团队合作精神、敬业精神等。根据调查，大学生对提高人际交往、组织能力、平衡心态、处理冲突等多方面的能力培养有比较强烈的愿望，这也是学校开展就业指导和提升职业素养教育的重要基础和方向。

四、培训职业技能是培养大学生职业素养的落脚点

具备相应的职业技能是大学生进入职业领域的资本，不同的职业会对人们有不同的技能要求。例如，做研究工作的要求具有调查、分析、归纳、演绎的技能；做教育工作的要求有澄清、说服、评估、鼓励的技能。目前，大学生对技能的理解存在一些模糊的认识，认为经过了学校的专业学习，就有了相应的技能。学校必须让大学生了解知识教育是学习技能的基础，要把知识转化为技能，必须经过反复实践和体验；要让大学生学会整理自己的技能清单，了解这些技能与职业目标之间的差距，以及职业技能培养的途径和方法，这些都是提升大学生职业素养所需要解决的重要问题。大学生应该通过制订自己的职业计划来了解自己，也包括了解他人和了解社会。在制订计划时，大学生需要注重几个实践环节：一是通过各种途径收集相关的信息，以补充、完善自己制订的职业培养计划；二是在做计划时要评估目标实现的可能性，兼顾自己的能力、环境条件的限制、周围人对自己的期望等；三是要预测在实现目标的过程中，可能出现的阻碍和克服障碍的方法。

学校应安排企业家、职业成功人士到校讲学，鼓励学生与其交流，汲取成功经验，还应当鼓励大学生利用业余时间参加临时性的工作，以获取更多的实践经验和社会信息。通过劳动实践，让学生对自我有更全面的了解，如个人价值观、人格特征、兴趣、能力倾向等，让大学生自主地有针对性地补充自己的学习内容和调整职业价值取向。

（一）严于律己

1．主动承担工作责任

该自己承担的工作就不用别人帮忙。如果自己应该做的却没有做好，总是需要别人帮忙才能完成任务，就说明自己不称职。久而久之，自己的工作能力没有提升，在别人心目中的形象就会越来越差。长此以往，一个不能胜任本职工作的人，就离脱离本职工作不远了。

2．自觉坚持个人原则

在职场上，要力争做到"外圆内方"，即做任何事都要有自己的原则，不能人云亦云。但是，要掌握"度"，有些事未必是自己正确，一旦发现自己的观点不正确，就不能固执己见。要学会审时度势，根据事物的性质判断什么时候该坚持、什么时候该听从，不能因计较个人得失而偏执。同时，在方式上也要注意，即使坚持自己的正确意见，也要给他人留有余地。

3．不断提高职业技能

《劳动法》第三条第二款规定："劳动者应当完成劳动任务，提高职业技能，执行劳动安全卫生规程，遵守劳动纪律和职业道德。"投身于某种职业，拥有职业技能是其先决条

件，对于所学的理论知识和专业技术都需要在职业岗位上经过长时间的实践探索和磨炼。组织有时会提供培训的机会，必须抓住机会使自己的职业技能得以迅速提升。同时，自己也需要不断读书钻研，向前辈、师长请教，汲取各方面的营养。"业精于勤荒于嬉，行成于思毁于随。"随着社会生产力的不断发展，自己的职业技能提升也必须与时俱进，才能使自己不被淘汰。

（二）团结协作

热爱、关心组织的人会将组织的命运与个人命运结合起来，从而自发地努力工作，贡献自己的力量，逐步独当一面，从而奠定自己在组织中的地位；反之，如果不热爱组织，将所在组织作为临时踏板，浑浑噩噩，工作便不会出色，甚至出现纰漏。加强团结协作，要做到如下几点。

1. 关心爱护同事

懂得关心、爱护同事的人，才能与组织和谐共存。只有和组织里的同事积极配合，取长补短，才能把自己的价值发挥到最大，实现共同成长；反之，对待同事不耐烦、态度不好，会和同事的距离越来越远，继而在工作中得不到同事们的支持，最终在组织中无法生存。

2. 注意做好"边际"工作

"边际"工作指的是从职责划分上不是十分明确，谁都可以做也可以不做的工作。不论谁做了，工作任务都会完成，但是如果都不去做，就造成工作失误，相关人员都有责任。而能主动做好这类工作的人，才是受欢迎的人。

3. 认同企业文化

企业文化是企业在生产经营实践过程中逐步形成的，带有企业特点的使命、愿景、宗旨、精神及经营理念等，以及这些概念在生产经营实践、管理制度、员工行为方式与企业对外形象上的体现。它规定了员工的基本思维模式和行为模式，只有员工衷心认同企业文化的核心价值观念，促进员工拥有奋发向上的心理状态，才能积极推动企业的变革和发展。

本章思考

制作一张劳动素养自我评价表，结合自己的职业理想，看看还有哪些素养需要提升。

第十一章 | 劳动与就业

💎 | 课堂导入

ChatGPT来了

2022 年 11 月 30 日，美国人工智能研究实验室 OpenAI 发布了他们新推出的一种由人工智能技术驱动的自然语言处理工具——ChatGPT（Chat Generative Pre-trained Transformer）（图 11-1）。ChatGPT 使用了 Transformer 神经网络架构，也就是 GPT-3.5 架构，这是一种用于处理序列数据的模型，

图 11-1　ChatGPT标志

拥有语言理解和文本生成能力，尤其是它会通过连接大量的语料库来训练模型。这些语料库包含了真实世界中的对话，使得 ChatGPT 具备"上知天文下知地理"，还能根据聊天的前后进行互动的能力，做到与人类几乎无异的聊天场景交流，甚至能完成撰写邮件、视频脚本、文案、翻译、代码、论文等任务。作为一种全新的人工智能技术，ChatGPT 在未来将会给多个行业造成冲击。例如，ChatGPT 可以帮助客服机器人更好地理解客户的问题和需求，并提供更准确的答案和解决方案，这将极大地提高客户满意度；ChatGPT 可以帮助学生在学习过程中获得更加个性化的辅导和支持，提供更好的学习资源和解答问题，这将改变传统的教育方式；ChatGPT 也将会对媒体和新闻行业、医疗保健行业等带来冲击和挑战。

（资料来源：作者根据相关资料整理编写）

探索与思考

1. 你认为未来技术进步的主要方向是什么？

2. 你认为在未来社会中劳动还会存在吗？

当前，人类劳动的形态发生了很多巨大的变化，脑力劳动的比重空前增加，服务性劳

动的国内生产总值占比已经远远高于第一、第二产业，创造性劳动成为社会经济发展的重点，复合型劳动已成为普遍的劳动形态。所以，在新时代的历史坐标上，深入理解劳动形态的演变就显得十分重要。

第一节　新时代新职业

18 世纪中叶以来，人类历史上先后发生了四次工业革命，前三次发源于西方资本主义国家，并由他们创新和主导。第一次工业革命所开创的"蒸汽时代"（1760—1840 年），标志着农耕文明向工业文明的过渡，是人类发展史上的一次伟大变革；第二次工业革命使人类进入了"电气时代"（1860—1950 年），电力、钢铁、铁路、化工、汽车等重工业兴起，石油成为新能源，并促使交通迅速发展，世界各国的交流更为频繁，逐渐形成一个全球化的国际政治、经济体系；第二次世界大战之后开始的第三次工业革命开创了"信息时代"，全球信息和资源交流变得更为迅速，大多数国家和地区都被卷入全球化进程中，世界政治经济格局进一步确立，人类文明的发达程度也达到空前的高度。

进入 21 世纪，人类面临空前的全球能源与资源危机、生态与环境危机、碳排放与气候变化危机的多重挑战，由此引发了第四次工业革命——绿色工业革命，迈入"智能时代"一系列生产函数的发生从以自然要素投入为特征，到以绿色要素投入为特征的跃迁，并普及至整个社会。第四次工业革命是以人工智能、新材料技术、分子工程、石墨烯、虚拟现实、量子信息技术、可控核聚变、清洁能源及生物技术等为技术突破口的工业革命。第四次工业革命基于网络物理系统的出现，而网络物理系统是将通信的数字技术与软件、传感器和纳米技术相结合。与此同时，生物、物理和数字技术的融合将改变人们今天所知的世界。

探究思考

第四次工业革命的关键技术

第四次工业革命是以新计算技术、区块链技术、物联网技术、人工智能、先进材料、多维打印、生物技术、地球工程、空间技术为主的技术革命。

（1）新计算技术。新的计算技术使得小型化、快速化的计算机逐渐普及，意味着设备渗透到城市环境、消费品、住房，甚至人体内，这些设备将是全球网络的一部分。

（2）区块链技术。区块链技术是一种分布式数字账本，有助于安全共享数字记录和信息，保护数据对象和信息价值，这有助于向传统上未能分享经济效益的群体分配更为合理的效益。

（3）物联网技术。物联网不仅仅是接入互联网的智能家电及提供的服务，其真正的价值在于收集、分析和管理数据，发掘意外关联和机遇，预测颠覆性趋势。对数据流的监测是其发展的主要挑战。

（4）人工智能。人工智能的迅速发展归功于机器学习。目前，机器学习在有限场景中的互动表现甚至优于人类，包括在游戏、医疗诊断及汽车自动驾驶系统的发展史上。

（5）先进材料。材料科学的进步为技术的发展赋予了更多力量，进而变革世界秩序，影响人类的生活。但是在每个行业中，材料的发展都要求我们以对生态负责的方式获取，保护环境。

（6）多维打印。3D打印和增材制造技术突破了传统制造技术的局限，生产某些特殊零件和产品。凭借定制产品和服务的优势，3D打印正在影响人们的餐饮、健康及航空技术。

（7）生物技术。生物技术在生物材料领域的应用不仅会影响医疗保健和食品等行业的生物产品生产，还会影响所有利用微生物生产化学品和定制材料的行业。它的有效发展还是需要依靠人本主义的价值观。

（8）地球工程。地球工程师对地球自然系统的大规模干预是通过减少温室气体或改变大气过程对气候变化的理论性技术干预，这需要人们制定全球政府间合作的框架，共同推进。

（9）空间技术。随着私营企业的成长和政府的投资，空间探索和商业化进程不断向前迈进。空间领域蕴含的巨大机遇也推动着微芯片、软件工程等技术进步，形成了正反馈回路，推动空间技术的繁荣。

（资料来源：中公教育网）

新职业信息

2019年，人力资源社会保障部、国家市场监管总局、国家统计局向社会发布了13个新职业信息，这是自2015年版《中华人民共和国职业分类大典》颁布以来发布的首批新职业。这13个新职业包括：人工智能工程技术人员、物联网工程技术人员、大数据工程技术人员、云计算工程技术人员、数字化管理师、建筑信息模型技术员、电子竞技运营师、电子竞技员、无人机驾驶员、农业经理人、物联网安装调试员、工业机器人系统操作员、工业机器人系统运维员。

首批新职业主要集中在高新技术领域，具有以下特点：一是产业结构的升级催生高端专业技术类新职业。近几年，随着人工智能、物联网、大数据和云计算的广泛运用，与此相关的高新技术产业成为我国经济新的增长点，对从业人员的需求大幅增长，形成相对稳定的从业人群。二是科技提升引发传统职业变迁。工业机器人的大量使用，对工业机器人系统操作员和系统运维员的需求剧增，使其成为现代工业生产一线的新兴职业。随着无人机技术的成熟，大量无人机的使用使无人机驾驶员成为名副其实的新兴职业。三是信息化的广泛应用衍生新职业。随着物联网在办公、住宅等领域得到广泛应用，物联网安装调试从业人员需求量激增。近几年，电子竞技已成为巨大的新兴产业，电子竞技运营师和电子竞技员职业化势在必行。农民专业合作社等农业经济合作组织发展迅猛，从事农业生产组织、设备作业、技术支持、产品加工与销售等管理服务的人员需求旺盛，农业经理人应运而生。

新职业信息的发布使国家职业分类体系更加科学完善，更好地服务国民经济信息统计、人力资源开发管理、职业教育培训和人才评价工作，为国家制定相关产业发展政策、开展就业人口结构变化和劳动力供求状况研究分析、制定人力资源市场政策提供了科学依据。

2021年，人力资源社会保障部发布了18个新职业，这是2015年版《中华人民共和国职业分类大典》颁布以来发布的第四批新职业，同时还调整变更了"社区事务员"等有关职业工种信息。这些新职业包括集成电路工程技术人员、企业合规师、易货师、二手车经纪人、电子数据取证分析师等，这些与互联网行业相关的职位包括技术、销售、运营、设计等。近些年行业的迅猛发展使得人才缺口也越来越大，互联网所属的细分行业众多，移动互联网、搜索、大数据和游戏类岗位的薪酬待遇和需求量位于细分行业前列，互联网行业的迅速发展也带动了电商行业、自媒体行业的发展，行业从业群体也因此越来越壮大。

新职业是时代发展的一面镜子，随着人工智能、物联网、大数据和云计算等技术得以广泛运用，越来越多的技术性职业冒出水面。在新兴行业，区块链工程技术人员、信息安全测试员等一系列跟新经济、新业态相关的行业正在涌现；在传统行业，无人机驾驶员等让农民融入"互联网+"，物联网安装调试员正让"中国质造"成为现实……技术变迁的推动力量从中可见一斑。

新职业的悄然兴起改变了人们的生活，从过去人们常说的"三百六十行"到如今的千行百业，新职业层出不穷、百花齐放。新职业的出现，一头连着技术革新，另一头连着需求升级，推动相关行业加速转型升级。

（资料来源：作者根据相关资料整理编写）

深入思考

1. 你所学习的专业对应的职业是什么？
2. 未来这个职业有可能会被智能劳动取代吗？

体力劳动中的技能型、非结构化职业在人工智能时代属于安全区或慢变区，比较难以被取代。因此，作为未来技能大军的一员，大学生要做的就是磨炼好从业本领，顺应时代变化，拥抱时代来临。未来，有些职业会被人工智能替代，同时也会催生更多的职业与岗位，以服务人工智能平台，促进传统产业与人工智能融合。

　　人类历史川流不息，劳动形态也在随之演变，每个时代对劳动者的要求都不相同。例如，在农耕时代，人们要懂得基本的农业生产技能；在工业时代，人们要掌握常用机械或电器的使用方法；在信息化时代，人们要学会使用手机、电脑，熟悉互联网以获取大量信息，服务生产生活。随着时代发展，人们要学习掌握的知识和技能越来越多。未来，在人工智能时代，人们从事的简单劳动和重复劳动会减少，复杂劳动和创造性劳动将增加，因此只有具备更丰富的知识和技能，才能建功立业，有所成就。

　　知识是人们在改造世界过程中形成的认知和经验的总和，随着人类社会的发展进步，人们积累的知识越来越多。未来的劳动者仍然和今天的劳动者一样，既要学习广博的基础知识，也要深入学习专业知识。对于普通劳动者而言，需要掌握与个人理想和职业相关的多学科基础知识，并在专业领域扎实掌握专业知识，成为行家里手。

　　未来社会人工智能设备不断增加，自动化技术不断普及，人们被从现有的一些劳动中解放出来，而去从事其他的劳动，这些劳动暂时无法由机器完成，需要人们更复杂的综合能力，也是人类超越自我、通向美好生活的必要过程。技术进步永无止境，人类对新技术的探索也将永不停歇。因此，在人工智能时代，劳动者并不能无所事事；相反，仍要继续劳动，创造新的价值，否则就会被时代抛弃、被社会淘汰。为了在人工智能时代生活得更好，大学生需充分认识劳动的价值，继续保持积极向上的进取精神，不断学习新知识和新技能，顺应时代和社会的需求，成为中国特色社会主义事业的合格建设者和可靠接班人。

第二节　职业生涯规划

一、职业生涯发展阶段

　　职业生涯指的是个人一生中实际经历的所有职业发展的整个历程。一个人的职业生涯发展阶段可以归纳如下。

（一）职业探索阶段

　　大学生关于职业的概念来自媒体、家庭、学校和书本，有了对职业的概念认知就对自己的职业需求有了大概的评价，能够意识到自己的长处和不足，并通过学习选择职业发展的途径。

（二）早期的职业确立阶段

随着大学生进入企业，走上工作岗位，由求职者变为组织中的成员，这一阶段大学生职业生涯发展的主要任务是进入最初的职业进行体验：走上第一个工作岗位，接受第一项工作任务；发现及处理在工作中出现的理想与现实不符合所带来的问题和焦虑；调整自己的心理，尽快熟悉组织文化，符合组织行为模式；找到进一步的个人职业发展道路，积极地调整自我与工作的适应程度，寻求被提拔和晋升的方式，或者选择离开现在的组织或岗位。

（三）职业生涯的持续阶段

职业生涯持续阶段大学生的主要任务是，处理好自我发展与家庭发展的矛盾，使其与工作协调起来；进一步学习、发展自己的职业绩效标准，稳固在组织中的地位；意识到或评价职业对自己未来发展的意义，或者做出新的职业岗位选择。

（四）职业衰退或离职阶段

这一阶段是指逐步从组织中退出，收缩原有职责和权力。这一阶段的主要任务是要认识和接受退休的现实，学会在家庭和社会活动中寻找新的满足感；学会用已有的知识和技能从事自己的"职业后生涯"，平静地度过晚年。

二、职业规划步骤

职业生涯规划是大学生对自己未来职业生涯发展进行的总体策划和准备，在职业生涯规划中，要将个人努力和组织的发展结合起来。职业生涯规划通常通过如下步骤进行。

（一）自我评估

大学生在此阶段要分析和确定自己的知识、能力、职业倾向及职业生涯发展的目标。大学生的自我评估可以通过较长期的自我观察、自我体验等获取相关信息，企业也可能提供一些自我评估的方法以供员工参考使用。

（二）实际检验

大学生在此阶段从企业获得信息，了解企业对自己的评价，明确自己的职业发展规划应该如何适应企业的发展规划。例如，规模较小的企业会采取简单的做法：由员工的直线主管会同企业人力资源管理人员或其他相关人员，结合员工的绩效提供评价信息，指引员工进行职业生涯规划。具有一定规模的企业通常会采取更加严密的做法：相关人员收集员工从求职到日常工作等各方面的信息，使用企业选定的心理测试和技能评估方法对员工的综合素质和发展潜力做出评估，再结合企业发展规划所提供的发展机会，对员工进行职业生涯规划指引。

（三）目标设定

大学生在此阶段形成了职业生涯发展的目标，初步完成职业生涯规划，这些目标通常表现为在一定时间内提高工作技能、获得理想工作岗位或工作安排。企业通常会鼓励员工和直线主管或人力资源管理者讨论这些目标，并尽可能保证目标兼具现实性和挑战性。

（四）行动规划

大学生在此阶段要制订达到职业生涯规划的行动和措施，如参加各种培训或参加项目运营团队等。制订行动规划同样要得到企业的大力支持，直线主管和人力资源管理人员一方面会对员工的行动规划提出合理化建议，另一方面也会考虑安排相关的培训和发展项目，保证落实员工成长的平台。

（五）评估、反馈与调整

这一阶段由于涉及长期的职业生涯发展目标和行动规划，因此大学生需要不断对实际情况进行评估，依此调整职业生涯规划。在这个过程中，企业会继续把对员工评估的信息反馈给员工，并引导他们兼顾个人和组织的要求，追求个人和企业的共同发展。

通过学习职业生涯规划，大学生应认识到在岗位工作中需要经常与组织（企业）进行沟通，以便修正自己的职业成长路线，从而更好地适应岗位、适应组织，更好地贴合职业乃至整个行业发展。

三、职业发展阶段

（一）无意识无能力阶段

刚刚走上工作岗位的大学生，对岗位、对自我都没有充分的了解，很容易进入邓宁－克鲁格效应，也被称为达克效应，其指的是能力欠缺的人，在自己做事欠考虑的基础上得出错误结论。但是，本人无法正确认识到自身的不足、辨别自己的错误行为，是一种认知偏差现象。这些能力欠缺者沉浸在自我营造的虚幻优势之中，常常高估自己的能力水平，无法客观评价他人的能力。

（二）有意识无能力阶段

随着工作的深入，大学生遇到的问题越来越多，然后发现岗位发展的道路越走越窄、越走越不好走。这时，新人们开始意识到自己在某方面的能力是有所欠缺的，或是根本没有能力的。有些大学生在此时退出了该工作岗位，但是大多数人还是很快地对自己进行调整以适应现实。这是岗位成长的关键阶段，直接决定着自己是否可以真正发展下去。此时，选择坚持的大学生应当思考自己欠缺的能力中哪些与岗位和工作直接相关，而且这些直接相关的能力欠缺，往往是优势能力中的不足，一旦补足成效便会十分明显。大学生在工作岗位上的进步，关键在于如何发挥自身优势，组织（企业）并不需要员工完美无缺，关键是要学会扬长避短。

（三）有意识有能力阶段

所谓有意识有能力，指的是大学生知道自己在某方面是有能力的，能明确自己的优势方向，能够构建自己的优势领域。大学生已拥有足够的智慧和力量，不仅可以在复杂的环境中把工作完成好，还能保持高效，并且能够形成自己的工作标准及个性化的工作流程。大学生能够做到这一阶段，已经可以掌握岗位各个方面工作，熟练运用岗位技能。但此时大学生也容易因成功自傲而失去改变的能力，从而丧失重要的学习能力；容易对变化本能地拒绝接受，无法适应越来越快速的技术更新和理念转换，继而被他人取代。

（四）下意识有能力阶段

当大学生把工作岗位所需的能力熟练到一定程度时，就会对工作毫不费力地下意识做出反应。大学生能够做到这一阶段，应该可以将本岗位所有工作融会到自己的生活中，成为习惯，继而开拓创新。组织（企业）需要有人打破常规，找到更好的解决问题的方法，进一步提高工作效率，通过创造性劳动与时俱进，学习新理论，接受新观念，运用新工具，创造新方法，使自己永不落后并推动组织进步。发展到这个阶段的员工，也已经在组织（企业）中身居管理职位了。这时的技术能力已经不是第一关键，磨炼和强化自己的职业道德，适应成为管理者的身份转换，依旧保持稳定的工作态度，带领团队和自己一同进步。

第三节　劳动与就业概述

一、劳动岗位

（一）简历制作

大学生制作出好的简历需要遵循一定的原则，一般原则归纳如下。

1．简洁排版

很多大学生认为，简历的排版设计应该是花花绿绿的、有设计感的，这样才能够引起人事主管的注意，然后让自己的简历被挑选出来，但是事实并不是这样的，花花绿绿的简历样式只会影响人事主管阅读简历内容，降低其工作效率，所以简历应该采用简洁的排版。

2．简历内容与招聘要求匹配

公司招聘时希望应聘者能够更快地胜任岗位，所以当公司遇到更符合、更匹配的人时，是更乐意接受的。在人事主管进行面试之前，只能通过简历进行判断，而大学生就需要在简历中展现出自己岗位的匹配及胜任力。

3．多使用和岗位相关的专业词语

使用和岗位相关的专业词汇可以使简历内容的专业度提升，可读性增强，人事主管可以快速地对应聘者进行判断。例如，应聘的岗位涉及组织、计划能力，就可以在简历内容中用到"预测、划分、构建、收集"等专业词语，直接提升简历的专业度，获得人事主管对简历内容的认可。

（二）简历投放

大学生简历投放的常规渠道包括招聘会、就业服务中心、网络等。

1．招聘会

招聘会按规模大小分为两种：一种是大型综合招聘会。一般选址在大型的展览中心、体育场所，可以吸引几百家甚至上千家各种行业和类型的公司前来现场发布职位信息并与求职者见面。大型的招聘会一般按季度举办，如北京秋季人才招聘大会。另一种是规模比较小的专业人才招聘会，参加的企业都是来自特定行业，前来的求职者也多是以该行业和职业类型为求职目标。和获取职位信息的其他方式相比，招聘会可以让应聘者在相对较短的时间内与招聘公司直接见面，对公司情况和公司人员素质有一个直观的印象。

大学生参加招聘会要注意以下几点，以提高成功率：①早去晚归，尽可能在会场多待一些时间。招聘会场是广泛联系的地方，这就像同时参加了多次面试。②喧闹的会场，熙熙攘攘的应聘者，大学生对此场面要有心理准备，切忌手足无措。首先，查看会场平面图，选择好目标企业，圈出要应聘的公司；其次，在去理想公司展位前，先尝试一下其他公司，这样可以帮助自己获得自信；最后，可以准备一下"自我推销术"。③穿职业装，打扮齐整，把简历等个人资料放在方便取放的文件夹内。不要把外套搭在胳膊上，以方便与招聘人员握手或填写表格。④准备好在纷乱的环境下向别人简洁明了地推销自己，学会如何最有效地表达自己。因为招聘人员的时间有限，其他求职者也在等着与招聘人员谈话，理想情况是3分钟结束。⑤做到直截了当、引人注目。这样招聘人员才会记住你的姓名和特点，要满怀信心地面对招聘人员。⑥不要根据朋友或家人的传言而热衷或轻视某家公司，而要亲自与公司接触，做出客观明智的选择。

2．就业服务中心

学校就业服务中心，也称学生就业指导中心，是各高校毕业生求职的一条重要渠道。它的优点在于竞争对手相对少一些，各高校限制外校学生访问本校就业网使这一现象变得更加突出和普遍；针对性强，与专业相关的职位信息丰富。但是也存在一些缺点，主要表现为所应聘的职位受专业限制严重，获取信息仅局限于本校资源。大学生应该充分利用学校就业服务中心的一切资源，包括就业网、就业中心的教师等，为自己寻找尽可能多的机会，这样才能在激烈的就业竞争中取胜。

3．网络

随着互联网的快速普及，网络已成为大学生主要的求职信息渠道。利用网络寻找求职信息相对其他渠道来说，它的优点是信息量大、成本低、方便快速，缺点是竞争对手多、信息反馈慢、成功率低。

二、签订劳动合同

劳动合同是大学生与用人单位之间确立劳动关系，明确双方权利和义务的协议。签订的劳动合同是具有法律效力的，大学生在签订劳动合同时需要注意以下事项。

（1）如果大学生进入单位是通过熟人介绍的，碍于情面关系，大学生和用人单位只是简单地达成了口头用工合同，这种口头合同对大学生是相当不利的，因为一旦日后与用人单位发生利益纠纷后，用人单位可以随意对待劳动者，而劳动者本人因无法提供证据，只能承受可能发生的损失。为了保障个人的利益，大学生在正式进入用人单位工作时，一定要与其签订正式的用工合同，以便明确双方的权利和义务关系。

（2）在大学生要和用人单位签订劳动合同时，许多用人单位常常事先准备了劳动合同文本，在文本中约定的责、权、利明显对单位有利。为稳妥起见，建议大学生在正式签订劳动合同时，最好对用人单位提供的合同文本内容进行充分了解。

（3）为了更好地运用法律武器保障和维护自己的利益，大学生在签订合同之前，最好认真学习和了解一些劳动法律和法规相关知识，如合同双方当事人的权利义务，劳动合同的订立、履行、变更、终止和解除，劳动保护和保险，法律责任等，这样大学生在与用人单位协商劳动合同文本时，就能争取对自己有利的权利和义务，或者一旦日后用人单位违反合同规定，大学生就可以利用法律武器捍卫自己的权益。

（4）如果大学生应聘的单位主要从事对人身安全有较大威胁的行业时，大学生一定要向用人单位确认，遇到工伤是否按照法律的规定处理。现在有些用人单位为逃避承担责任，在签订劳动合同时要求职工工伤自理，或只是约定一些不重要的条款，与国家法定的偿付标准相差很远。

（5）还应该了解一些合同签订的细节问题，如当合同内容涉及数字时，一定要用大写汉字；要注意合同生效的必要条件和附加条件（如签证、登记）；合同至少一式两份，双方各执一份，大学生应妥善保管；双方在签订劳动合同时如有纠纷，应通过合法方式解决。

第四节　遵守职业规范

一、严格遵守岗位职业准则

任何一个行业、一类工作岗位、一家单位，都会有对从业人员的基本要求，这就是职业准则，需要每一名劳动者认真遵守。例如，2018年教育部就专门印发了关于教师职业行为准则的文件，明确提出教师要严格遵守坚定政治方向、自觉遵纪守法、传播优良文化、用心教书育人、关心爱护学生、加强安全防护、坚持雅行雅正、坚持公正诚信、坚守自律廉洁、规范从教行为等十条准则。有一些行业的在建立职业准入资格制度时，明确职业准则要求，有一些行业的职业准则是与具体工作场所的要求相联系，外化为劳动者在岗位上必须遵守的劳动规章制度。严格遵守岗位职业准则是劳动者职业规范的首要要求，违反职业准则的行为将会带来严重后果，不仅劳动者本人会受到相关处罚，失去工作岗位，甚至还会给其他人带来影响，被追究相关责任。

二、保持学以致用的优良学风

学习是一个人增长才干、提高素质的必由之路，是做好各项工作的重要基础，大学生必须以更加积极的态度、更加紧迫的使命感努力学习、深入思考，坚持不懈地提高自己的综合素质和工作能力。自觉把学习作为政治责任、精神追求、立身之本。大学生在工作中，要加强政治理论学习，不断用马克思主义中国化时代化的最新成果武装头脑、指导实践、推动工作，要自觉学习现代科学文化知识、相关业务知识，加快知识更新、优化知识结构，向书本学、向实践学、向同事学、向专家学，不断丰富做好本职工作的知识储备；要学以致用，以学习提高能力，把学习的收获转化为谋划工作的思路、促进工作的措施、干好工作的本领。

三、保持奋发有为的精神状态

有什么样的精神状态，就有什么样的工作水平；有什么样的工作思路，就有什么样的工作成效。当前，随着国情和世情的深刻变化，作为大学生只有树立强烈的事业心和责任感，保持奋发有为的精神状态，才能共同完成发展的重任。保持干事的激情，就是要以自己是一名大学生而自豪，以为国家发展尽职尽责而光荣，带着热情、带着责任感、带着追求目标去工作；保持敬业的痴情，就是要讲实话、办实事、求实效，树立科学严谨和雷厉风行的工作作风，抓好每一天、干好每件事。

四、保持求真务实的工作作风

在职责面前，态度决定一切。履职之道，贵在实干。始终坚持不拒绝、不妥协、不推诿和不懈怠的工作原则。所谓不拒绝，只要提出的要求是合理的，是政策规定允许的，就不能拒绝。有条件的立即办，没有条件的创造条件去办。所谓不妥协，就是在刚性原则面前，在群众权益面前，绝不含糊、绝不走样、绝不回避矛盾。所谓不推诿，就是在责任面前、在问题面前，不推卸责任、不回避矛盾，把原则性和灵活性有机结合在一起，想方设法化解那些看似无解的难题。所谓不懈怠，就是从每一天做起，从每一项工作做起，从每一件小事做起，脚踏实地、认真负责地工作。

五、保持清正廉洁的自律意识

从业者要遵守基本的行为准则，必须严格执行遵守企业的规章制度。细节决定成败，小节决定荣辱。在工作中要时刻保持清醒的头脑，要时时处处对自己从严要求，从小事、小节、小处做起；要注重培养健康向上的生活情趣，坚守做人做事的准则，坚守道德底线；要学会拒绝，不被人情和面子所累，严格按照制度规定的标准要求自己，努力提升自身素质，切实履行好岗位职责。

本章思考

大学生应如何提高职业素养，以应对未来新技术的挑战？

第十二章 | 劳动与实践

清晨第一课——比比"豆腐块"

提到军队整理内务的标志性事务，必然是被称为"豆腐块"的被子（图12-1）。士兵们将柔软蓬松的被子折叠成横平竖直、有棱有角的长方体，就如同被刀切出的"豆腐块"一样，于是"豆腐块"的昵称也就此流传开来。叠被子看起来只是简单的整理床铺事务，但其实它还关系着人们的身心健康。美国国家睡眠基金会的调查发现，每天早上整理床铺的人比不整理的人在晚上睡眠

图12-1 "豆腐块"被子

好的比例多出19%；有75%的人反映，刚洗过的床单令人感觉舒服，会让他们晚上休息得更好。

折叠整齐的被子甚至能有效对抗过敏症状，避免灰尘和过敏原落在被单、床单上。如果床铺能够通风或照射阳光，将起到杀菌和驱除螨虫的作用。"豆腐块"三分靠折叠，七分靠修整，折叠要领为"平、折、压、抠、卡、齐、直、正"，关键步骤为铺平、折叠、压实、抠角、捏线、修直。同学们折出有面有线的"豆腐块"，快动起手来吧！

（资料来源：作者根据相关材料整理编写）

探索与思考

1. 接受高等教育的大学生还有必要参与普通劳动吗？

2. 你怎么看待家务保洁等劳动已经能够通过社会化购买来解决的问题？

日常生活中，劳动无处不在。古人云："一屋不扫，何以扫天下？""一室之不治，何以天下家国为？"日常生活劳动的劳动场景多以家庭为主，可按劳动的服务对象划分为自我服务劳动和非自我服务劳动。自我服务劳动主要指为满足自身衣、食、住、行等基本生

活需求而进行的劳动。非自我服务劳动既包括服务其他家庭成员的日常家务劳动，也包括为满足家庭公共需求进行的日常家务劳动。

第一节　日常劳动

按照劳动能力的不同，日常生活劳动可以划分为初级、中级和高级。初级日常生活劳动能力主要指能够完成自我服务劳动，具备能够基本照料自身生活的能力，具有支持属性。中级日常生活能力主要指在完成自我服务劳动的同时，具备能够帮助、照顾其他家庭成员和分担日常家务劳动的能力，具有补充和保护属性。高级日常生活能力是指能够有序规划家庭活动，具备照护家中老人、幼儿、患者、残疾人的能力，具有保护和技术属性。

一、自我服务

（一）自我服务劳动能力

衣、食、住、行是人类生活的基本内容。孙中山在《民生主义》第三讲中指出："大家都能各尽各的义务，大家自然可以得衣食住行的四种需要。"马斯洛需求层次理论认为，生理需要（包括食物、水分、空气、睡眠等）和安全需要（包括人身安全、财产安全、健康保障、道德保障等）构成人的最低层次的需要（又称缺失需要），这类需要直接关系个体的生存。当这类需要得不到满足时，将直接危及个体的生命。可见，人类要自我生存和自我发展，必须首先满足自身穿衣、饮食、起居、睡眠等生理需求和安全需求。

自我服务劳动的基础定义，是指学生料理自己生活的各种劳动，如为自己整理床铺、打扫房间、洗涤缝补衣袜、洗碗筷、抹桌椅等。我国宋代教育家朱熹主张在蒙学阶段就训练儿童养成洒扫、清洁等生活习惯。现代教育也普遍重视培养儿童生活自理能力。我国实施的劳动教育，在小学着重培养儿童自我服务能力，鼓励学生在学校和家庭中自己的事尽量自己干，不依赖他人代劳，养成勤劳俭朴整洁卫生的习惯。这些训练一般通过劳动课、各种课外活动和日常生活进行。

（二）大学生自我服务劳动能力的培养

从学生自我管理、自我服务体系大的方面来说，其可以分为党务工作与政务工作两个部分。从实际执行层面说，可以鼓励学生创建和参加各种有意义的学生社团：学生社团在团委的监督下独立策划并开展各种活动，各类学生社团是大学生进行自我管理和自我服务的最活跃、最广泛的组织。

从组织结构来说，学生事务办公室是学生开展自我管理与自我服务的主要机构，由各系各年级选拔出的思想觉悟高、责任心强、有工作能力、服务意识好的学生组成，是学生与教师、学校之间的纽带。学生事务办公室有固定的工作时间和地点，接受大学生的各类咨询并在各个方面关注和帮助大学生。

从传统的大学政务工作方面而言，学生综合管理中心是负责政务部分的大学生管理机构的顶层组织，下设辅导员和辅导员助理两个办公室，并设立学生会。学生辅导员由熟悉本校的年轻教师或毕业生担任，主要负责学生日常管理工作中的组织协调。辅导员助理由选拔出的优秀高年级学生担任。辅导员助理的设立不仅分担了辅导员的部分工作，而且由于他们生活在学生中间，了解学生生活，也更容易开展学生工作。辅导员助理的工作还可以给学生提供锻炼自我的机会。学生会下设各部门负责辅助管理学生，开展各种学生活动。吸引大量同学的学生会，与学生社团一样是最基层、最广泛的大学生自我管理、自我服务的组织。各班级班委、团委在上述部门的领导下，进行自我管理和自我服务。

为了保证学生自我管理、自我服务体系的顺利开展，还需要学校、教师及学生各方面的共同努力。高校在大学生的管理过程中要改变传统的学生管理方式，从单纯强调学生服从学校的要求，让学生被动地接受管理，转变为承认大学生在高校管理环境中也有自我发展的需求，高校的发展本质上是学生个体的发展。高校的管理者把大学生当作平等的主体，不再把大学生放在被动的被管制地位。当高校承认了大学生的主动性和主体地位的时候，学校和大学生之间才能进行有效的对话。正如马斯洛所说："人只有受到尊重才能做到自我实现和自我完善，从而成为自由的人并在社会中发挥自己的作用。"

"没有规矩不成方圆"，制度管理是学生管理的重要手段。构建学生自我管理、自我服务的管理模式，首先要制定完善的管理制度，以保障新的管理方法顺利实施。这些制度使学生管理工作机构能够有效地按章办事、行使职权，使学生工作得以科学、规范、有效、稳定地运行。在制度执行的过程中，坚持原则性和灵活性相结合，做到因事、因人、因时、因地制宜，真正做到具体情况具体分析，并根据实际情况的变化逐步修改完善，使其更加行之有效。尤其要建立科学的学生干部队伍工作制度，使学生干部的工作和行为制度化、规范化、程序化。没有有效的制度和规范，就会出现无序和混乱，就不能形成井然有序、纪律严明、凝聚力强的团队。合理的制度与机制建设包括团队纪律、部门职能范围、团队的激励与约束。有严明的纪律，工作就会井然有序；规划和明确各部门职能范围，就既能明确责任和义务，又能充分调动各部门和个人的积极性和创造性；有效的激励和约束，能做到人尽其才，既可充分实现成员的个人价值和团队价值，又可杜绝团队中因责权、奖罚不明而导致的摩擦和冲突。要营造公平竞争、有序引导的学生工作氛围。大学生的自我教育、自我管理，必须做到以一元化的指导思想引领多元化的学生思想，对学生的多元思想理念、价值取向、行为规范进行有序引导，使学生工作保持公平、公正，以提高学生参与的热情和对学生工作的信任度，从而保证学生工作开展顺利。

　　高校学生干部是繁荣校园文化、培养学生"自我教育、自我管理、自我服务"能力的生力军和带头人；高校学生干部是教师的得力助手，也是群体中的"学生领袖"，他们在组织管理、服务沟通、以身示范等方面发挥着重要作用。他们的素质、作风、能力必须是优良的：勤于学习，既要学好文化课，又要加强政治理论学习，并能正确处理学习与工作的关系；培养良好的个人操守和健康高尚的人格，正直、诚信、表里如一；以高标准严格要求自己，在各方面都要起到表率作用；增强责任感、服务意识，讲究工作方法；培养团队合作精神，培养创新精神。

　　要营造团结合作、共同进步的学生人际关系。合作是人类社会的生存方式、道德规范和品格修养，具有合作精神是现代人的重要素质。当代大学生的自我管理、自我服务必须遵循时代要求，培养团结合作意识，使学生明白合作是做人做事的基础，学会合作就是具备了更强的竞争力。要解放思想，开拓创新，在合理引导的同时促成学生之间的合作竞争。

　　社会是一个丰富多彩的大课堂，深入开展社会实践活动实际上是要把社会实践作为大学生培养自我管理能力的基本途径。目前绝大多数高校都将社会实践分为教学计划内和教学计划外两个部分。前者是指生产实习、公益劳动、专业实习、毕业设计、军事训练等；后者包括社会调查和考察、科技文化服务、勤工助学、义务劳动、挂职锻炼及社会事务活动等。这些实践活动为学生自我管理、自我服务提供了情境，也为其发展拓宽了空间。大学生参加社会实践活动，能通过社会实践感知怎样进行自我管理。当大学生接受社会大课堂直观教育的时候，就能收到事半功倍的效果。因此，学校在抓好学生专业课的学习和实践外，还要积极开展好大学生校内外的社会实践活动，积极组织大学生的社会调查、社会服务活动、勤工助学等社会实践活动，在社会实践活动中让大学生更好地体会和感受生活，进行自我管理和约束。

　　大学生首先要主动参加社团和学生会举办的各种活动。大学生参加社团可以开阔视野，增强自己的人际交往能力及利用资源和机会的能力。大学里的社团和学生会活动吸纳的是来自不同年级和不同系别的学生，能接触到各种性格的人，人际交往的范围扩大了，大学生需要进行自我管理、自我服务的方面也会增多。同时，参与活动的同学多了，不仅可以提升组织者的能力，也可以引起其他同学参与自我管理、自我服务的兴趣。其次，大学生还要进一步加强校园文化建设，并让同学们都参与到校园文化的建设中。古语有云："蓬生麻中，不扶而直。"让大学生感受到自己是学校的主人，参与到实际的学校文化活动中，全面生动地影响大学生的思想观念、行为方式、价值取向，使教育的过程成为学生自我认识、自我发展、自我完善的过程，用校园文化影响学生，使大学生产生自我管理、自我服务的热情。

　　实践证明，大学生的自我管理、自我服务对其自我提高能起到重要的作用，所以在新形势下培养和造就一支"自我教育、自我管理、自我服务"的高素质大学生队伍是一项复杂却十分必要的工程，需要在学校各级党委和学生工作部门的领导下统筹规划，不断总结经验教训，积极探索新模式。大学生自我管理、自我服务是一项具有现实意义和长远意义的重要工作，是高校人才培养工作的重要内容，只有建设和管理好学生队伍，才能造就一大批有理想、有道德、有文化、有纪律的社会主义建设者和接班人。

二、日常家务

家庭是青少年成长的摇篮，是他们进行社会实践的第一课堂。学校是青年人成长的乐园，也是他们步入社会实践前的练兵场。

家庭劳动是指以家庭成员为服务对象，在日常家庭生活中必须从事的家庭内部劳动，包括洗衣服，烹饪，购买日用品，保洁，看护老、幼、病、残成员等。

凡是与家庭事务有关的劳动均可被划入家庭劳动的范畴。因此，广义的家庭劳动并不局限于家庭物理地点范畴，而是涵盖家庭生活的全部场景，涉及务劳动、家庭护理、家庭维修、家庭教育、健康养生、家庭财富管理、庭院维护、宠物护理等人们日常生活的方方面面。狭义的家庭劳动是指在家庭场景下的日常生活劳动，主要包括日常家务劳动、养老照护、母婴护理和病患陪护4个领域。

在不同社会经济制度下，家庭劳动具有不同的性质。近年来，家政服务行业在世界范围内快速发展，使人们开始重新认识家庭劳动及其发展出的新业态。家庭劳动的社会化、产业化和有偿化也恰恰体现出人们在寻求社会劳动和家庭劳动平衡时的突破，是公共劳动和私人劳动的结合。尽管家政服务已走进千家万户，但是家庭成员仍然会亲自从事一定的家庭劳动。这些必须亲自从事的家庭劳动有些表现为家庭成员对生活品质的要求，有些表现出家庭成员追求个性化的特征，是家庭结构核心化、家庭规模小型化、家庭类型多样化、家庭价值多元化的结果。当代大学生是家庭结构中的重要成员，不仅要亲自参与家务劳动，以真诚为家人服务的行动增进家庭情感，还要通过个人努力提升家庭生活品质。对生活个性化的追求，使人们不满足于获取标准化的劳动服务，创造性和独特性成为家庭成员从事家庭劳动的动力。例如，房屋装修改造、汽车改装改造、庭院绿化护养、宠物护理等。

⊕ 知识链接

日常家务劳动小窍门

一、水壶除水碱

日常烧完开水后，水壶里会沉积一层白色的水碱。水碱沉积久了，就会形成很厚的水垢。常喝这种水碱含量多的水容易患结石等疾病，不利于身体健康。如何去除水壶中的水碱呢？下面介绍一个既简单又健康的除水碱小窍门：取一个柠檬，用小苏打水清洗表皮后切成一指厚的片，然后取两片切好的柠檬片放入水壶中，并向水壶注入80%的清水后加热。当水沸腾后停止加热，倒出水壶中的柠檬水，并用清水冲洗水壶内壁，水壶中的水碱就荡然无存了。

二、镜面去水渍

家庭浴室是卫生清洁难度较大的地方。浴室里的镜子由于长时间暴露在水汽缭绕的高湿度环境中，往往会被蒙上一层水渍。怎样才能让浴室镜面重放光彩呢？下面介绍一个用牙膏擦拭镜面的小妙招：取一块柔软的毛巾，在毛巾上涂抹一点儿日常使用的牙膏，将毛巾以牙膏为圆心揉搓一下；用揉搓后的毛巾自镜面上方向下方轻轻画圆圈擦拭，注意擦拭一定要轻柔，不能太用力；擦拭完整个镜面后，用清水冲洗毛巾，用洗净的毛巾再次从上到下擦拭镜面；换一条干毛巾将镜面擦干。这样就能让镜面光亮洁净了。

三、巧剥大蒜皮

大蒜是人们日常烹饪中常用的调味料，然而大蒜的蒜皮粘连紧密，剥落蒜皮费时又费力。下面介绍一种剥蒜小妙招：冲洗整头大蒜后将其放置在清水中浸泡一会儿，将泡过的整头大蒜掰成小蒜瓣后再次放水中浸泡10分钟。捞出水中的小蒜瓣时，由于蒜皮已被水泡软，因此用手轻轻揉搓蒜皮就脱落了。

四、巧去西红柿皮

西红柿是人们经常食用的一种蔬菜，但是西红柿皮较为坚韧，会影响菜品口感，所以有些菜肴在烹制时需要去除西红柿皮，然而用刀削切西红柿皮往往会损失很多果肉。下面介绍简单又实用的去除西红柿皮小妙招：将清洗干净的西红柿蒂朝下放置在案板上，在西红柿顶部位置轻轻划一个"十"字切口，注意切口不能太深；将西红柿蒂朝下、"十"字切口朝上放置在盆中，用开水缓慢浇在西红柿的表面，直至没过西红柿顶部，注意浇水的位置不要太高，以免开水向外溅；静待5—10分钟后，看见盆中西红柿有表皮外翻的痕迹就可以把盆中的水缓慢倒出；用手沿着西红柿外翻的表皮轻轻撕扯，西红柿皮就能被轻而易举地剥落了。

（资料来源：作者根据相关资料整理编写）

第二节　校园服务性劳动

校园劳动实践的意义不在于劳动的形式、劳动的内容，甚至不在于对劳动成果的评判，而在于使大学生理解劳动价值、树立劳动观念、强化劳动意识、养成劳动习惯。因此，校园劳动的组织策划应充分发挥大学生的创造力，激发大学生的劳动热情，将劳动知识的传授、劳动技能的增进、劳动精神的弘扬融入校园劳动的具体实践中，启发、引导大学生自主设计校园劳动方案，自愿参与校园建设和维护，自觉创新和运用新科技，自发改造和创造劳动环境。

一、勤工助学

高等教育学校为家境贫困的大学生提供工作机会，缓解他们的经济压力，帮助他们顺利完成学业。大学生应将这些助学岗位看作增长才干、培养能力、自我提升的"练兵场"。通过勤工助学，大学生能够实现自我管理、自我约束和自我调节，了解社会、了解他人，达到培养沟通交流能力和服务意识的目的。通过勤工助学，大学生能够在就业竞争日益激烈的今天，缩短职场适应期，独立面对工作困难，切实感受职场压力，历练组织能力、社交能力和管理能力。

高校为贫困大学生提供勤工助学的工作机会，有助于创设实践情景，是大学生参与社会实践的桥梁，也为大学生毕业后快速适应社会铺平了道路。从勤工俭学的原因来看，大学生主要出于两方面的考虑：一方面，由于当代大学生的心态有了很大的变化，他们自立意识强，希望用自己的劳动赚取酬劳，以取得一定的经济独立；另一方面，目前的社会竞争激烈，大学生就业压力大，很多学生希望通过勤工助学取得工作经验，以此培养自己的能力，并为将来更好地走上工作岗位做准备。

勤工助学工作一般分为校内勤工助学和自筹勤工助学两种。校内勤工助学的相关要求一般相对严格，但对大学生的保障也是全方位的。例如，在校内开展勤工助学活动的学生及用人单位，必须遵守国家及学校勤工助学相关管理规定；学生在校外开展勤工助学活动的，提供勤工助学管理服务的组织必须经学校授权，代表学校与用人单位和学生三方签订具有法律效力的协议书。签订协议书并办理相关聘用手续后，学生方可开展勤工助学活动。协议书必须明确学校、用人单位和学生各方的权利和义务，开展勤工助学活动的学生如果发生意外伤害事故的处理办法及争议解决方法。校内临时岗位按小时计酬，每小时酬金可参照学校所在地的最低小时工资标准合理确定。

大学生的勤工助学活动应从实际出发，因时、因地、因校、因人而异，讲求实效。其主要内容有以下几点：

（1）劳务性服务。组织学生参加校办工厂、农场劳动、工地劳动及其他体力劳动等。

（2）参加对口专业的智力服务。到有关设计、科研单位从事初步设计、描图、绘图等设计辅助工作，帮助科研人员搞实验、搞科研等。

（3）担任家庭教师。从事帮助中小学语文、外语、数学、美术、电脑等教学辅助活动。

（4）帮助企业（公司）进行用户意见调查，提出改进产品和改善售后服务的措施。

（5）从事商业服务活动。帮助企业推销商品，进行经济核算，担任推销员、售货员、审核员等。

大学生校外兼职涉及的法律关系

由于大学生勤工助学主要为校外兼职，时间有限及经验缺乏使其常常局限为几种：家教、产品促销、餐饮服务、散发广告宣传单等。这些行为从法律关系的角度基本可以分为以下两类：

（1）介于大学生与雇主个人之间的法律关系，主要表现为家教。大学生受雇于自然人雇主，以提供一定的智力劳动为内容与雇主之间发生的法律关系。这种法律关系一般被认为不属于受劳动法调整的劳动关系，而是属于受合同法调整的雇佣合同关系。

（2）介于大学生与用人单位之间的法律关系，如散发广告宣传单、产品促销等。在这种法律关系中，一方为大学生，另一方为单位而非自然人，一般认为其符合劳动合同法关于劳动关系的相关表述，因而属于受劳动法调整的劳动合同关系。

（资料来源：中国青年政治学院学报，有改动）

二、服务校园

改革开放以来，党和国家始终把提高全民素质作为关系社会主义现代化建设全局的一项根本任务。素质教育作为以全面提高人的基本素质为根本目的，尊重人的主体性和主动精神，注重以形成人的健全个性为根本特征的教育模式在我国全面实施。校园劳动作为提高大学生劳动素质的重要教育实践已在我国长期实行，其有助于大学生在成长阶段掌握劳动技能，养成劳动观念，增强实践能力和协作能力，促使大学生在学习与实践中不断思考、摸索，全面健康发展。

校园劳动的形式多种多样，最常见的是由学校组织、集中开展的校园清洁劳动。校园清洁劳动以营造优美、健康、文明、向上的育人环境为总体目标，以校园卫生清理和绿化美化整治为主要内容。

在校园清洁劳动中，大学生应做好安全防护，保证劳动安全。例如，进行消毒杀菌作业时，应佩戴耐酸碱手套和口罩；使用尖利工具时，应佩戴防割手套和护目镜；进行道路清扫作业时，应穿着反光工作服等。

三、义务劳动

义务劳动是指不计定额、不要报酬，出于自己的自由意志进行的劳动。具体来说，就是有关卫生环境、抢险救灾、帮贫扶弱等群众性福利事业的社会公益劳动。按义务劳动的劳动主体是否有组织划分，可将义务劳动分为个人义务劳动和集体义务劳动；按义务劳动的类型划分，可将义务劳动分为参与类义务劳动、实践类义务劳动、科研类义务劳动等。实践经验表明，将部分校园劳动纳入社会义务劳动范畴，可作为评定学生思想道德水平的参考。

值得注意的是，义务劳动不是强制性要求。义务劳动完全建立在大学生主动、自愿的基础上，体现的是大学生崇高的社会责任感和高尚的品德，营造的是一种良好的校园风气和精神文明成果。

四、志愿服务

志愿服务（图 12-2）是大学生奉献爱心、服务社会的重要方式，体现了大学生对高尚精神境界的追求，在"赠人玫瑰、手有余香"中实现自我价值和人生意义。当前，我国志愿服务呈现出蓬勃发展的态势：①志愿队伍越来越壮大。从青年志愿者、巾帼志愿者到文艺志愿者、医疗志愿者、环保志愿者、科技志愿者等，志愿者年龄层次更加丰富，人

图 12-2 环保志愿者捡拾户外垃圾

员构成更加多元，参与领域越来越广泛，已拓展到扶弱助残、文化文艺、教育科技、卫生环保、法制宣传等领域。②服务大局越来越有力。广大志愿者面向改革发展主战场，在传播党的声音、服务国家战略、参与大型赛会、应对重大灾害等方面发挥了重要作用。③志愿服务已经渗透到我国经济、社会、文化、生态文明建设方方面面，在决胜全面建成小康社会中发挥着越来越重要的作用，已经成为新时代推进社会主义现代化建设、提升社会文明程度不可忽视的新兴力量。

党和国家高度重视志愿服务事业的发展。习近平总书记对志愿服务事业倾情关心关怀，亲自主持会议审议通过一批有关志愿服务的重要文件，并在参观考察、座谈交流、批示回信时，多次对志愿服务作出重要指示、提出明确要求。2019 年 1 月，习近平总书记在考察天津朝阳里社区时，称赞志愿者是"为社会作出贡献的前行者、引领者"，强调志愿服务是社会文明进步的重要标志，志愿者事业要同"两个一百年"奋斗目标、同建设社会主义现代化国家同行。习近平总书记的亲自指导、亲切关怀，让广大志愿者、志愿服务工作者深受鼓舞、倍感振奋，为继续推进志愿服务事业指明了前进方向，提供了根本遵循，注入了强大动力。我们要把习近平总书记重要指示精神作为行动指南，强化责任担当，以更自觉的态度、更主动的作为、更有效的举措，推动我国志愿服务事业持续健康发展。

（一）我国志愿服务的主要特色

在我国开展志愿服务工作、发展志愿服务事业，必须植根中国大地，体现中华文化基因，适应我国国家制度和治理体系。我国志愿服务是社会主义国家的志愿服务，是党领导下的群众性道德实践活动，以奉献、友爱、互助、进步为精神内核，以促进人的自由全面发展为根本依归，反映了社会主义社会的新型人际关系。因此，它具有鲜明的价值导向，把培育和践行社会主义核心价值观贯穿全过程，传承了中华优秀传统文化蕴含的厚德仁爱、乐善好施、助人为乐、扶危济困等思想理念和道德精髓，弘扬了革命文化和社会主义先进文化蕴含的服务人民、团结互助、无私奉献等崇高追求。我国志愿服务有一个优良传统，就是自觉服务党和国家工作大局，同"两个一百年"奋斗目标、建设社会主义现代化国家同行，成为凝聚实现中国梦强大力量的重要纽带。中国特色志愿服务最本质的特征是坚持党的全面领导，按照为人民服务的要求，把组织群众、宣传群众、凝聚群众、服务群众作为基本职责，紧紧围绕群众最现实、最迫切、最关心的问题开展便民利民活动，不断增强人民群众的获得感、幸福感、安全感。

志愿服务是人民群众自我组织、自我管理、自我服务的实践形式，也是群众参与基层社会治理的重要方式，能够有效弥补政府服务和市场服务的不足与缺位，为政府分忧、为百姓解难。当前，我国社会生活日益多元、多样、多变，社会公共事务日益繁多，社会治理任务更加繁重，人们参与社会事务的意愿更加强烈。特别是随着我国新型城镇化的快速发展，社区已经成为人们生活的主要场所，居民对社会服务的需求越来越大，对社区管理和基层治理工作也提出了许多新要求、新期待。通过开展志愿服务，依靠群众做群众工作，能够有效激发社区居民的主体意识和责任意识，调动他们自主管理自身事务、协同参与公共事务的主动性和积极性，让居民真正感到自己是社区的主人，让社区既成为"生活共同体"，也成为"治理共同体"。近年来，各地积极推动志愿服务参与到管理公共事务、丰富社会服务等日常工作中，以共建推动共治、以共治促进共享，取得良好效果。今后，还要继续发挥志愿服务在推进社会治理现代化中的重要作用，实现政府治理与社会调节、居民自治良性互动，积极构建基层社会治理新格局。

（二）大学生参加志愿服务的意义

大学生成为志愿者的意义主要有如下 3 个方面。

1.满足心理需求

大学生作为特殊的青年群体，总体素质较高，有很强的责任心和使命感。大多数大学生都认为参与志愿服务是自己应尽的社会责任和义务，并希望能做些有意义的事情来回报社会的培育，积极推动社会文明。志愿服务活动倡导的"奉献、友爱、互助、进步"的精神符合广大大学生的特点，满足了他们的心理需求，这也是许多大学生加入志愿者行列的最直接原因。

2.丰富社会经验

大学生志愿服务活动的组织和开展大多以校外的社会需求为服务终端。积极参与各类志愿服务活动，已经成为当代大学生接触社会、积累社会经验的一条重要途径。时代在变迁，社会在发展，现在的大学生已经不满足于校园内的故步自封，他们渴望接触社会、了解社会，并在社会中实现自己的价值，使自己以后能够迅速地融入社会。而志愿活动作为社会实践的重要一环，恰恰满足了大学生丰富社会经验、适度参与社会劳动分工的客观需求。

3.提升道德水平

当代大学生主体意识普遍较强，他们内心崇尚自我激励、自我完善，以构建符合当今社会主流价值观的独立、健全的人格。志愿服务活动与志愿者精神符合现代道德规范，获得了社会的积极评价。志愿服务虽然不计报酬，但收获了心灵的净化，提升了社会、集体和他人对自己的道德评价，这对大学生而言具有非常重要的意义。

高校积极倡导大学毕业生参加"三支一扶"计划和大学生志愿服务西部计划等项目，鼓励和引导大学毕业生志愿者到西部、到基层、到祖国最需要的地方去，转变就业创业观念，提升就业创业能力，传播志愿服务理念，大力弘扬志愿精神。

知识链接

疫情中的志愿者

2020年，新冠肺炎疫情席卷全球。我国在这场疫情防控的人民战争中，志愿服务活动广泛开展，小红帽、红马甲随处可见，广大志愿者踊跃参与，投身到疫情防控战线的各个领域，各尽所能、各展所长，舍小家为大家，讲奉献勇担当，成为联防联控、群防群治的重要力量。各地志愿者参与了许多方面的工作：一是助力防疫教育引导。广泛开展通俗易懂、形式多样的疫情防控宣传教育，引导群众正确理性地看待疫情，增强自我防范意识和防护能力，为社会舆论注入更多的正能量。二是参与疫情排查治理。积极配合基层组织做好体温检测、信息登记、疫情排查、人员隔离、秩序维护等工作，极大地缓解了抗疫人手缺乏的问题。三是做好综合服务保障。为一线奋战的医生护士、防控点值守人员、被隔离群众及相关医疗用品生产企业，提供力所能及的生活保障和外围服务。四是提供专业技术支持。一大批具有医学、心理咨询、应急救援等专业技能的志愿者，在相关机构的统筹调配下，积极参与卫生防疫、心理辅导、救助救护等专业性较强的工作。在疫情防控的关键阶段，中国共产党中央委员会宣传部（简称"中宣部"）、中央精神文明建设指导委员会办公室（简称"中央文明办"）在武汉启动实施"志愿服务关爱行动"，组织2万多名志愿者帮助全市800万居家市民代购代送生活必需品，打通了民生保障"最后一百米"，成为精神文明建设服务党和国家工作大局的成功范例。全国各地广泛开展的疫情防控志愿服务，彰显了同舟共济、守望相助的家国情怀，展现了中国力量、中国精神，增强了广大群众共克时艰的信心和力量，为坚决打赢疫情防控的人民战争、总体战、阻击战发挥了重要作用。疫情防控的实践证明，志愿服务在协助党委和政府应对突发事件、提高社会治理能力上能够发挥重要而特殊的作用。

（资料来源：中国文明网，有改动）

第三节　社会实践与创新创业

一、社会实践

20 世纪 80 年代初，团中央首次号召全国大学生在暑期开展"三下乡"社会实践活动。随后逐步在各高校展开，时至今日已成为各大高校锻炼大学生社会实践能力的一种重要的常规性活动，也是考核大学生综合素质的重要指标。大学生"三下乡"是指有关文化、科技、卫生方面的知识在农村普及，以促进农村文化、科技、卫生的发展，是各高校在暑期开展的一项旨在提高大学生综合素质的社会实践活动。文化下乡包括图书、报刊下乡，送戏下乡，电影、电视下乡，开展群众性文化活动；科技下乡包括科技人员下乡，科技信息下乡，开展科普活动；卫生下乡包括医务人员下乡，扶持乡村卫生组织，培训农村卫生人员，参与和推动当地合作医疗事业发展。

新形势下，文化、科技、卫生"三下乡"和科教、文体、法律、卫生"四进社区"活动，成为大学生社会实践的有效载体。很多高校根据需求选派相关专业的大学生组成团队，为群众办实事、做好事、解难事，活动成员以志愿者的形式深入农村，传播先进文化和科技，体验基层民众生活，调研基层社会现状，以期通过一系列实践活动提高大学生的社会实践能力和思想认识，同时更多地为基层群众服务。大学生"三下乡"活动开展至今，已经成为每年全国大中专学生社会实践活动的一项重要内容。

知识链接

2023 年暑期"三下乡"社会实践活动

为深入学习宣传贯彻习近平新时代中国特色社会主义思想，全面贯彻落实党的二十大精神，切实发挥共青团作为广大青年在实践中学习中国特色社会主义和共产主义的学校作用，引导和帮助广大青年学生在与现实相结合的"大思政课"中"受教育、长才干、作贡献"，引领学生立志做有理想、敢担当、能吃苦、肯奋斗的新时代好青年，中央宣传部、中央文明办、教育部、共青团中央、全国学联决定，2023年继续组织开展全国大中专学生志愿者暑期文化科技卫生"三下乡"社会实践活动（以下简称"三下乡"社会实践活动）。具体专项活动如下：

（1）深入学习贯彻习近平总书记给中国农业大学科技小院学生重要回信精神，引导广大青年学生走进乡土中国深处，厚植爱农情怀，练就兴农本领，在乡村振兴大舞台上建功立业。

（2）紧密结合正在开展的"习近平总书记与大学生在一起"学习分享活动，以"强国有我，青春有为"为主题，组织学生重走习近平总书记的考察路线，跟随总书记的脚步开展实地调研学习，在切实感受祖国发展变化的生动实践中升华爱国情怀，勇担时代责任，贡献青春力量。

（3）深入全国各地新时代文明实践中心（所、站），开展学习实践科学理论、宣传宣讲党的政策、践行核心价值观、丰富文化生活、移风易俗倡导婚嫁新风尚等主题实践活动，培育践行社会主义核心价值观。

（4）广泛参与关爱行动"七彩假期"志愿服务，以农村留守儿童、城市随迁子女等少年儿童群体为主要服务对象，聚焦思想引领，突出实践育人，为党培育共产主义接班人。

（5）聚焦生态文明环境保护，广泛开展绿色科考、生态宣讲和河流深滩、粮食节约等环保行动。

（6）有序开展医疗现状调研、卫生政策宣讲、康复知识普及、急救技能培训、云端问诊治疗和中医药传承实践等活动，助力"健康中国"战略实施。

（7）面向有关民族地区、欠发达地区等，结合学生专业特长，开展普通话推广、学业辅导、自护教育等形式的关爱志愿服务。

（8）组织引导学生进乡村、进社区开展惠民展演、艺术创作、体育健身等形式的社会实践活动。

（9）青年学生开展特色产业调研、当地资源开发、安全生产教育、就业创业等实践活动，服务地方经济社会发展。

（资料来源：中国青年网，有改动）

二、创新创业

创新创业教育是以培养具有创业基本素质和开创型人才为目标，不仅是以培育在校学生的创业意识、创新精神、创新创业能力为主的教育，还是要面向全社会，针对打算创业、已经创业、成功创业的创业群体，分阶段、分层次地进行创新思维培养和创业能力锻炼的教育。2018年习近平总书记在全国教育大会提出了"要在学生中弘扬劳动精神，教育引导学生崇尚劳动、尊重劳动，懂得劳动最光荣、劳动最崇高、劳动最伟大、劳动最美丽的道理，长大后能够辛勤劳动、诚实劳动、创造性劳动"的总要求，这既是劳动教育的目标，也是培育企业家精神的基石。因为真正的企业家必然崇尚劳动、尊重劳动，由衷地认同"劳动最光荣、劳动最崇高、劳动最伟大、劳动最美丽"的道理，愿意兢兢业业地通过自己的辛勤劳动、诚实劳动、创造性劳动致富，并积极承担社会责任，尊重劳动者，乐于与其他劳动者合作创造财富、共享成果。同时，企业家所具备的创新精神更是创造性劳动的典型表现。

知识链接

你属于创业的哪一派

目前，创新创业的选择方向基本分为两大派别：市场引导派与专业引导派。

一、市场引导派

对市场引导派的理解很简单，就是市场需要什么、什么行业火，就做什么行业。这种做法自然有它的可行性，从市场逻辑的角度而言，做的也确实是当前最火的项目，资金流动量相对较大。下面列举几个常见的市场引导派案例。

1. 教育商机

人们对知识的渴求不再局限于学校教授的内容。在职场上，因为竞争激烈和科技进步，越来越多的人利用业余时间进行充电培训，学习电脑操作、英语、企业管理等培训类课程，在这些课程中蕴藏了很大的商机。人们对知识的追求和重视，使更多的人看到了教育商机。此外，家长们也更加重视对孩子兴趣的培养，因此各类舞蹈、美术、乐器等培训机构也是遍地开花。大学生可以利用自身优势与特长选择创业项目。

2. 便利店

适合开设在居住区、学校、工业区、市场等人群集中的地方，只要物品齐全、价格实惠、童叟无欺，自然每天都会有回头客上门买东西。开小型便利店最重要的是学会配货，根据当地消费者的需求，设置一个适宜的配货比。

3. 餐饮店

俗话说："民以食为天。"对于大学生创业者来说，可从小型餐饮企业起步，累积经验和资本，逐步把企业做大做强。特色餐饮店是大家都喜欢光顾的，大学生创业可以选择一个好的餐饮加盟项目，加上合理的运作，将会是非常好的创业选择。

4. 宠物照相馆

现在有很多人喜欢给自己的宠物拍照，但是目前市面上能给宠物拍照的照相馆比较少，因而存在巨大商机。给可爱的动物照相，不仅可以把拍摄的照片制作成挂历、贺卡、钥匙链、杯子和衬衫等，还可以推出各类套餐，设置不同的价格，以便不同需求的顾客选择。

二、专业引导派

对专业引导派的理解其实更加简单，即根据大学生所学的具体专业，延伸到具体社会分工中，将毕业以后理所当然的职业提升为创业手段。

例如，有些电子商务专业的同学，通过分析中国电子商务行业的发展现状、电商物流的发展现状及农村电商的发展现状，看出随着电子商务行业的快速发展，电商物流也快速发展，同时国家对农村电商越来越重视，农村电商存在极大的开发空间。因此，这些电子商务专业学生的创新创业方向可以农村电商为主，方式可选择网上开店、网店代运营、电商物流末端业务、农村电商经纪业务等。再根据投资、运营等实际情况，具体规划创新创业的落地产品等。

（资料来源：作者根据相关资料整理编写）

虽然大学生创新创业在我国当前政策上有一定的扶持，但从实际操作而言，作为一个产品，或者一个店铺，甚至是一家公司，它是大学生创造的，还是其他人创造的，对于受众而言并不会产生情感上的偏向，创业者实质上还是站在同一起跑线上。因为学生群体的资金受限较为严重，社会资源、社会经验缺失的情况也非常普遍，所以大学生独立创业的整体难度要高于在社会上打拼了相当一段时间、对市场有相对的了解、有较为固定的人脉甚至是客源、有客观的资金积累的社会人。

同时我们也必须看到，大学生创业的优势除了政策上的扶持，减轻了一部分资本压力之外，最大的优势还在于大学生群体对技术方面的积累，对校园市场、校园环境的相对了解。同为学生群体的身份，也会让主要以学生为受众群体的产品在校园推广更容易。因此，许多经济学家和企业家并不建议大学生创业初期就直接到社会上与资本拼杀、与圈子拼杀。从实际来说，这样的胜率也是极低的。如果必须要选择这条道路创造未来，大学生在创业之前，至少需要做好以下4个方面的准备。

（1）思想准备。创新创业首先要求具有创新观念和思维，培养创业文化、独立的人格和勇于创业、敢于创业、勤于创业的信心。

（2）知识储备。要与大学期间的学习内容相结合，对知识有系统的理论学习，最好与个人的兴趣爱好相结合，让大学期间的学习得到很好的利用。

（3）资源准备。利用各高校的孵化园区等场地，为创业前期做好实践演习，助力创业者成功走上创业之路。

（4）资金储备。创业的核心是资金储备。资金储备的多少，甚至在很大程度上决定了创业项目的成败，也极大地制约了创业的规模。虽然银行贷款被誉为"创业融资的蓄水池"，大学生创业可以利用政府扶持政策，享受大学生创业免息贷款，但在实际创业时还是要清醒地认识到：项目所涉及的资金量越大，在盈利时越会有更好的财务表现，但在亏损时创业者所承担的压力也是快速增长的。因此，并不是资金量越大越好。

习近平总书记在中国政法大学考察时特别指出："中国的未来属于青年，中华民族的未来也属于青年。青年一代的理想信念、精神状态、综合素质，是一个国家发展活力的重要体现，也是一个国家核心竞争力的重要因素。"可见，培养青年的最终目的是使他们逐步脱离父母，独立地走向社会，并最终造福社会。让青年人参与劳动实践就是让他们通过劳动理解世界，进而培养他们独立思考、学习和实践的素质和能力，成为社会主义事业的合格建设者和可靠接班人。

本章思考

你参加过哪些社会实践？在实践中个人劳动能力的提升体现在哪些方面？从社会实践中，你能得到哪些劳动教育方面的启发？

参考文献

［1］ 刘向兵. 劳动通论［M］. 2 版. 北京：高等教育出版社，2021.

［2］ 安鸿章. 劳动实务：高等职业院校劳动教育读本［M］. 北京：北京理工大学出版社，2020.

［3］ 彭远威，张锋兴，李卫东. 高职生劳动教育教程［M］. 桂林：广西师范大学出版社，2020.

［4］ 聂峰，易志军. 新时代劳动教育教程［M］. 北京：电子工业出版社，2020.

［5］ 刘松林，霍江华，王瑞兰. 新时代高校劳动教育理论与实践教程［M］. 长春：东北师范大学出版社，2020.

［6］ 朱忠义. 劳动教育与实践［M］. 北京：北京理工大学出版社，2020.

［7］ 金正连. 劳动教育与素质养成［M］. 北京：中国人民大学出版社，2020.

［8］ 李珂. 劳模精神［M］. 北京：中共党史出版社，2020.

［9］ 刘建军. 工匠精神［M］. 北京：中共党史出版社，2020.

［10］ 刘向兵. 新时代高校劳动教育论纲［M］. 北京：社会科学文献出版社，2019.

［11］ 曾天山，顾建军. 劳动教育论［M］. 北京：教育科学出版社，2020.

［12］ 李珂. 嬗变与审视：劳动教育的历史逻辑与现实重构［M］. 北京：社会科学文献出版社，2019.